La doctrina hecha carne

La doctrina hecha carne

La fe y la gramática del amor

bajo la supervisión de
K. Steve McCormick

Elementos esenciales de la teología

©Digital Theological Library 2025
©Biblioteca Teológica Digital 2025

Library of Congress Cataloging-in-Publication Data Datos de catalogación en publicación de la Biblioteca del Congreso

K. Steve McCormick (creador).
[Doctrine Made Flesh: Faith and the Grammar of Love/ K. Steve McCormick]
La doctrina hecha carne: la fe y la gramática del amor / K. Steve McCormick

141 + *xvi* pp. (incluye bibliografía) cm. 12.7 x 20.32
ISBN 979-8-89731-967-1 (Libro de bolsillo)
ISBN 979-8-89731-968-8 (E-libro)
ISBN 979-8-89731-979-4 (Kindle)
    1. Teología doctrinal
    2. Fe — Cristianismo
    3. Amor — Aspectos religiosos — Cristianismo
BT750 .M36 .x18 2025

Este libro está disponible en otros idiomas en
www.DTLPress.com

Imagen de portada: "La Nueva Creación" fue creada por K. Steve McCormick, utilizando inteligencia artificial (IA).

Con Gratitud

Doy gracias por la energía del amor infinito y vulnerable de Dios, que me ha mantenido caminando por el sendero que comienza en Dios y que siempre retorna al hogar en Dios.

Estoy indeciblemente agradecido por el lazo del Espíritu, por mi visión de hermosura, Tricia, mi alma gemela y mejor amiga. Su amor ha sido como el suave beso de las mariposas, que ha suavizado mi mirada y ha afinado mi corazón. Su voz ha sido como el canto de los colibríes liberados en el jardín con cada batir de sus alas; ella me ha regalado una melodía de gracia, a la vez intensa y frágil, fiel y libre.

Ella ha mantenido mis pies en la tierra cuando mi voz se elevaba en fuego. Ha salvado a este testigo de la verdad más de una vez de las heridas infligidas por quienes temían lo que no podían ver. Su amor todavía me sostiene.

Y a mis estudiantes, pasados y futuros, quienes me han enseñado más de lo que yo podría enseñar jamás: gracias por mostrarme el rostro de Dios en sus preguntas, en su asombro, en su valentía y en su esperanza. Ustedes son el canto de la Nueva Creación que se hace carne.

Contenido

Prefacio de la serie
ix

Prefacio del Autor
xiii

Introducción
Hablar de amor como primera palabra de fe
1

Capítulo uno
De la Comunión al Credo
11

Capítulo dos
La doctrina como lenguaje de la fe nacida del Espíritu
29

Capítulo tres
Doctrina encarnada
La Iglesia como confesión viva de fe
43

Capítulo cuatro
Doctrina recordada
La historia que moldea la Iglesia
61

Capítulo cinco
La doctrina hecha carne
Formación para el futuro de Dios
77

Capítulo seis
Doctrina en la naturaleza
La gramática fiel del amor en un mundo fracturado y el futuro de Dios
107

Capítulo seis
Doctrina en la naturaleza
La gramática fiel del amor en un mundo fracturado y el futuro de Dios
123

Postludio
No hacer daño
129

Una bibliografía seleccionada
135

Prefacio de la Serie

La inteligencia artificial (IA) está cambiando todo, incluida la educación y la investigación teológica. Esta serie, *Elementos esenciales de la teología (Theological Essentials)*, está diseñada para aprovechar el potencial creativo de la IA en el ámbito de la educación teológica. En el modelo tradicional, un académico con dominio del discurso teológico y una trayectoria docente exitosa pasaría varios meses — o incluso años — escribiendo, revisando y reescribiendo un texto introductorio. Luego, este texto sería transferido a una editorial que invertiría meses o años en los procesos de producción. Aunque el producto final era predecible, este proceso lento y costoso elevaba el precio de los libros de texto. Como resultado, los estudiantes de países desarrollados pagaron más de lo debido por los libros, y los estudiantes de países en desarrollo generalmente no tuvieron acceso a estos libros de texto (de costo prohibitivo) hasta que aparecieron como descartes y donaciones décadas después. En generaciones anteriores, la necesidad de garantizar la calidad —en forma de generación de contenido, revisión experta, edición y tiempo de impresión— pudo haber hecho inevitable este enfoque lento, costoso y excluyente. Sin embargo, la IA lo está cambiando todo.

Esta serie es diferente; está creada por IA. La portada de cada volumen identifica la obra como "creada bajo la supervisión de" un experto en el campo. Sin embargo, esa persona no es un autor en el sentido tradicional. El creador de cada volumen ha sido capacitado por el personal de la Digital Theological Library (DTL) en el uso de IA y ha empleado la IA para generar, editar, revisar y recrear el texto que se presenta. Con este proceso de creación claramente identificado, presentamos los objetivos de esta serie.

Nuestros Objetivos

Credibilidad: Aunque la IA ha logrado —y sigue logrando— avances significativos en los últimos años, ninguna IA sin supervisión puede crear un texto verdaderamente confiable o plenamente acreditado a nivel universitario o de seminario. Las limitaciones del contenido generado por IA a veces surgen de deficiencias en los datos de entrenamiento, pero más a menudo la insatisfacción de los usuarios con el contenido generado por IA proviene de errores humanos en la formulación de indicaciones (prompt engineering). DTL Press ha trabajado para superar ambos problemas contratando académicos con experiencia reconocida para supervisar la creación de los libros en sus respectivas áreas de especialización y capacitándolos en el uso de IA para la generación de contenido. Para mayor claridad, el académico cuyo nombre aparece en la portada ha creado el volumen, generando, leyendo, regenerando, releyendo y revisando el trabajo. Aunque el contenido ha sido generado en diversos grados por IA, la presencia de los nombres de nuestros académicos en la portada garantiza que el contenido es tan confiable como cualquier otro texto introductorio elaborado mediante el modelo tradicional.

Estabilidad: La IA es generativa, lo que significa que la respuesta a cada indicación se genera de forma única para esa solicitud específica. No hay dos respuestas generadas por IA exactamente iguales. La inevitable variabilidad de las respuestas de la IA representa un importante desafío pedagógico para profesores y estudiantes que desean iniciar sus debates y análisis basándose en un conjunto compartido de ideas. Las instituciones educativas necesitan textos estables para evitar el caos pedagógico. Estos libros proporcionan ese texto estable a partir del cual enseñar, debatir y fomentar ideas.

Accesibilidad económica: DTL Press está comprometida con la idea de que el costo no debe ser una barrera para el conocimiento. *Todas las personas tienen el mismo derecho a aprender y comprender.* Por ello, todas las versiones electrónicas de los libros publicados por DTL Press están disponibles de forma gratuita en las bibliotecas de la DTL, y las versiones impresas se pueden obtener por un precio nominal. Expresamos nuestro agradecimiento a los académicos que contribuyen con su labor y han optado por renunciar a los esquemas tradicionales de regalías. (Nuestros creadores reciben compensación por su trabajo generativo, pero no perciben regalías en el sentido tradicional).

Disponibilidad global: DTL Press desea ofrecer libros de texto introductorios de alta calidad y bajo costo a todos, en todo el mundo. Los libros de esta serie están disponibles de inmediato en varios idiomas. DTL Press creará traducciones a otros idiomas si se solicita. Las traducciones son, por supuesto, generadas por IA.

Nuestras Limitaciones Reconocidas

Algunos lectores probablemente pensarán: "pero la IA solo puede producir investigación derivativa; no puede crear estudios innovadores y originales." Esta crítica es, en gran medida, válida. La IA se limita principalmente a agrupar, organizar y reformular ideas preexistentes, aunque en ocasiones de formas que pueden acelerar y refinar la producción de nuevas investigaciones. Aun reconociendo esta limitación inherente, DTL Press ofrece dos comentarios: (1) Los textos introductorios rara vez buscan ser innovadores en su originalidad y (2) DTL Press cuenta con otras series dedicadas a la publicación de investigación original con autoría tradicional.

Nuestra Invitación

DTL Press busca transformar el mundo de la publicación académica en el ámbito teológico de dos maneras. En primer lugar, queremos generar textos introductorios en todas las áreas del discurso teológico, de modo que nadie se vea obligado a "comprar un libro de texto" en ningún idioma. Nos imaginamos un futuro en el que los profesores puedan utilizar uno, dos o incluso una serie completa de estos libros como textos introductorios en sus cursos. En segundo lugar, buscamos publicar monografías académicas con autoría tradicional para su distribución gratuita en acceso abierto, dirigidas a una audiencia académica avanzada.

Finalmente, DTL Press es una editorial no confesional, por lo que publicará obras en cualquier área de los estudios religiosos. Los libros de autoría tradicional son sometidos a revisión por pares, mientras que la creación de libros introductorios generados por IA está abierta a cualquier experto con la preparación adecuada para supervisar la generación de contenido en su respectiva área de especialización.

Si compartes el compromiso de DTL Press con la credibilidad, accesibilidad económica y disponibilidad global, te invitamos a participar en esta iniciativa y contribuir a cambiar el mundo de la publicación teológica, ya sea a través de esta serie o mediante libros de autoría tradicional.

Con grandes expectativas,

Thomas E. Phillips

Director Ejecutivo de DTL Press

Prefacio del Autor

La Parábola del Amor: Interpretar el Ícono de La Doctrina Hecha Carne

La portada de este libro es más que un diseño: es una visión. Tomada del título La Doctrina Hecha Carne: Fe y la Gramática del Amor, la imagen ofrece un ícono teológico, un signo visible de la gracia invisible de Dios que anima todo este trabajo. Es una homilía visual conformada por la metáfora de las "dos manos de Dios" de san Ireneo —Cristo y el Espíritu— que nos guían en el largo y luminoso camino que va del Creador y retorna al Creador. Este es el camino de la fe. Es el camino del amor. Es la senda de la creación y de la nueva creación, entretejidas en el mismo arco del deseo divino.

En el centro de la imagen está Cristo, el Verbo hecho carne, en quien todas las cosas se mantienen unidas. Por medio del Espíritu —"Aquella que Es", el Aliento de Vida— ese mismo Verbo que una vez habló el cosmos a la existencia ahora asume carne, convirtiéndose en la segunda encarnación de Dios. La creación fue la primera encarnación: el Verbo saliendo en amor, formando el mundo a través de la sabiduría grabada en la trama del universo. El Espíritu aleteaba, respiraba, llamaba, y todavía respira, uniendo todas las cosas en el amor. Por medio de las "dos manos de Dios" vino la creación a existir y, a través de ellas, está siendo reunida nuevamente hacia su hogar en Dios.

El himno de Colosenses (1:15-20) canta el misterio en el corazón de este ícono: que todas las cosas —visibles e invisibles, materiales y espirituales— han sido creadas por medio de Cristo y para Cristo. Que en Cristo todas las cosas subsisten. Que en la sangre de la cruz Dios está reconciliando todo consigo mismo. Siguiendo este ícono, el árbol de la vida siempre está plantado a lo largo de este camino —arraigado en la tierra y, sin embargo, transfigurado por la gloria. Incluso los pequeños signos de deleite evolutivo —como el raro cardenal no binario anidado en el jardín— susurran la verdad de que el futuro de Dios no conoce fronteras, ni exclusión, ni dicotomía fija. Todos son llevados al siempre creciente baile y canto de la Nueva Creación.

Este es un libro sobre la fe —no una fe reducida al asentimiento al credo, sino la fe como confianza en Aquel que es infinitamente digno de confianza. Es un libro sobre la doctrina —no como control eclesial, sino como la gramática del amor de Dios, conformada por el Espíritu que sopló la creación a la existencia y levantó a Cristo del sepulcro. Se trata de la Iglesia, no como institución, sino como epifanía viva y palpitante del amor de Dios, llamada a encarnar la buena noticia para toda la creación: que el mundo está regresando al Dios que primero lo llamó al ser.

Esta visión hace eco del antiguo testimonio de Ireneo, cuya teología de la creación y la nueva creación yace en el corazón de este libro. Contra el impulso gnóstico de separar al Creador de la creación, él da testimonio de su unión irrompible —una unión no meramente querida, sino tejida en el ser mismo. No es un vínculo contractual, sino una comunión ontológica: Dios es amor infinito, eternamente vulnerable, siempre dador. La creación, desde su primer aliento, palpita con el deleite del amor del Creador —cada criatura temblando con la memoria y la promesa de la alegría divina. No hay camino hacia Dios que eluda la creación, pues es aquí —en la tierra y en el canto, en el aliento y en el cuerpo— donde habita el amor del Creador. Por la sabiduría y energía de ese amor, la creación está siendo reunida, sanada y transfigurada. El futuro de Dios y el futuro de todo lo que existe no son paralelos, sino entretejidos —impulsados juntos en la paciente labor del Espíritu hacia la Nueva Creación. El principio está confiado al fin, y el fin ya está vivo en el principio. Esta es la gramática del amor: el lenguaje de la fe que fluye con la trama del universo, pues el amor infinito y vulnerable de Dios nunca está ausente, siempre más cercano que el aliento, siempre atrayendo todas las cosas hacia su cumplimiento radiante en Cristo.

La Paradoja del Retorno del Amor

Aquí yace la paradoja: que el amor infinito y vulnerable de Dios, cuando es arrojado al cosmos, no disminuye por dispersión, sino que se expande en alcance, en extensión, en poder de reunir y en surgimiento creativo. Lo que es lanzado desde el corazón de Dios no es enviado "solo" para retornar: es enviado para crear y reunir mientras avanza. Porque lo que es arrojado es amor infinito y vulnerable, atrae todo lo que toca —cada criatura que ya pertenece al Creador— hacia su arco en expansión. El retorno no es repetición, sino consumación. Toda la creación está siendo arrastrada en el retorno amoroso, no solo repitiendo el origen, sino cumpliendo la promesa del Creador: la promesa de la Nueva Creación. No es un circuito cerrado ni un guion acabado, sino una parábola abierta —que se expande, reúne, glorifica y co-crea al retornar, llevando todas las cosas a casa, al que primero las lanzó en confianza vulnerable.

Y en ese retorno ocurre algo aún más asombroso: el primer deleite del Creador sobre la creación —cantado en gozo y pronunciado en amor— no es simplemente recordado, sino magnificado sin medida. Pues todo lo que ha sido reunido de nuevo no solo pertenecía al Creador, sino que ha participado en la alegría, la gloria y la libertad creativa del amor divino. Lo que fue lanzado en confianza infinita y vulnerable retorna portando el don de la propia respuesta de la creación —fe, alabanza, asombro y comunión, sí—, pero también su expansión creativa del mismo amor infinito. Aquí, la paradoja se profundiza: el amor infinito, por naturaleza sin fronteras, es también infinitamente vulnerable —abierto a la sorpresa, al riesgo y a la transformación no solo en relación con la creación, sino dentro de la vida misma de Dios. No solo en la manera en que Dios se relaciona con nosotros, sino en el ser mismo de Dios —Amor Infinito y Vulnerable— que siempre se expande, se abre, responde y crece en comunión con la creación que Dios ama. Esto no es una concesión de la naturaleza divina; es su expresión más plena. Pues aquel que arrojó el amor infinito en el espacio finito se ha vinculado irrevocablemente a todo lo que existe, de tal modo que lo que retorna de la creación no solo magnifica la creación, sino que participa en el continuo devenir del gozo y del amor de Dios. Este es el misterio del amor infinito y vulnerable: el ser de Dios no conoce límites, y la confianza vulnerable e interminable que es el amor de Dios lo prueba. Esto no es contradicción, sino misterio. Una santa imposibilidad hecha posible por Aquel cuya naturaleza es amar sin reservas y confiar sin límites.

Seguir a Cristo es confiar como Cristo confió en el Espíritu. Vivir por la fe es participar en la misma fe de Cristo —una fe que no es nada menos que la plena entrega del amor a la promesa del Creador. El Espíritu que llenó a Cristo ahora nos llena a nosotros. La energía de ese mismo amor —el aliento que dio a luz galaxias, que agitó el jardín y que levantó a Cristo del sepulcro— es lo que canta en nuestras almas.

Así que vayan al mundo. Hagan música con sus amigos. Dejen que sus amistades ensanchen la parábola del inmenso amor de Dios. Dejen que las luciérnagas de su imaginación deleiten al Creador. Vean cómo el Espíritu los enlaza con compañeros de camino —algunos inesperados, algunos incluso antes llamados enemigos. Que su corazón esté sintonizado con la sabiduría que palpita en cada quark y rincón de la creación. Todo está impregnado de la alegría, la gloria y el amor de Dios.

Este libro es un pequeño intento de decir lo que se siente la fe cuando está llena del aliento del Espíritu, modelada por el amor de Cristo y orientada al futuro de Dios. Es una ofrenda como un trabajo de amor —una doxología teológica— para ayudar a la Iglesia a recordar la gramática del amor y a recuperar una fe viva con la energía de las primeras cosas.

Sigan el camino expansivo de la parábola, y se encontrarán en la senda cada vez más amplia del amor de Dios —arrojado en confianza, retornando en gloria y siempre superándose en la vasta amplitud del amor infinito y vulnerable que es Dios, de eternidad en eternidad. Nada queda atrás.

Amén.

Introducción
Hablar de amor como primera palabra de fe

*Ven, Espíritu Santo, y enciende en nosotros el fuego de tu amor.
Toma nuestras mentes y piensa a través de ellas. Toma nuestros
labios y habla a través de ellos. Ahora, toma nuestras almas y
enciéndelas.
Amén.
Oración cristiana antigua*

Hablando amor
La doctrina como primera palabra de la fe

Esta antigua oración de la Iglesia capta la esencia de este libro. La doctrina no es simplemente la respuesta intelectual de la Iglesia a la verdad divina, sino la fiel gramática de la Iglesia del amor de Dios, expresada desde un corazón encendido por el Espíritu y moldeada en la comunión orante. Lo que sigue no es una especulación abstracta, sino el esfuerzo de la Iglesia por articular este amor con claridad, reverencia y esperanza, expresado desde un corazón encendido por el Espíritu y moldeado en la comunión orante con el Dios vivo. ¿Qué es la doctrina sino la manera en que la Iglesia habla del Dios que ha llegado a conocer por la gracia y el amor mediante la oración? ¿Y qué es la fe sino el don del Espíritu, una confianza que despierta en el alma el amor de Dios, infundida en la oración y la adoración?

Este libro surge de la convicción de que la doctrina cristiana no es un museo de afirmaciones congeladas, ni una reliquia preservada tras el cristal de la certeza eclesial, sino un testimonio vivo y palpitante, formado en la oración, probado en el sufrimiento y expresado en el amor. La doctrina, en su máxima expresión, es la gramática fiel del amor de Dios, un lenguaje moldeado por el Espíritu para expresar, encarnar y vivir ese amor en la vida comunitaria, el testimonio y la esperanza, porque es la manera en que la Iglesia respira con el Espíritu, confesando, recordando y proclamando al Dios que es Amor.

Este libro ofrece una invitación teológica, un llamado a vivir la doctrina no como una teoría que dominar, sino como un lenguaje compartido de pertenencia, moldeado por el amor divino y el encuentro orante. Invita a los lectores, especialmente a estudiantes, ministros y peregrinos de la fe, a ver la doctrina no como un sistema cerrado de proposiciones teológicas abstractas, sino como la gramática viva de la Iglesia, aliento vivificante moldeado por el Espíritu. La doctrina no es enemiga de la experiencia ni de la imaginación. Tampoco es una reliquia de un pasado rígido. Es amor recordado, cantado, encarnado y compartido. Dado que la doctrina respira y vive en la respiración del Espíritu para hablar con la gramática del amor divino, el objetivo no es simplemente comprender la doctrina formalizada, sino ser transformado por ella. Por ello, dado que la fe, llena de la energía del amor de Dios, se recibe en la oración, este libro se lee mejor con oración. Que los lleve a una mayor admiración, mayor valentía y un amor más profundo.

Vivimos en una época de profunda desorientación. Las fracturas de nuestro tiempo —sociales, políticas, ecológicas y espirituales— claman por una Iglesia que sepa no solo lo que cree, sino también cómo vivir esa creencia con alegría, humildad y poder. En un momento así, recuperar la doctrina como la gramática fiel del amor divino de la Iglesia se convierte no solo en una tarea teológica, sino en una necesidad pastoral, que invita a las comunidades a hablar, orar y vivir la verdad del amor de Dios en medio de la disonancia de nuestra época. La doctrina fiel importa porque forma comunidades capaces de un testimonio tan fiel y un amor tan valioso. Nos ayuda a orar profundamente, a lamentarnos con sinceridad, a amar con generosidad y a esperar juntos con esperanza el mundo venidero.

Esta obra explora la relación vital entre la fe y la doctrina, desde una perspectiva wesleyana, fundamentada en los principios fundamentales del Evangelio. Esta exploración es a la vez teológica y devocional, histórica y contemporánea. Afirma que la fe nace en la oración por el Espíritu, y que la doctrina emerge como la gramática de ese amor despertado por el Espíritu. Credos, dogmas y formulaciones teológicas surgen, no inicialmente de la ambición institucional ni de la necesidad de control, sino de comunidades que han encontrado al Dios vivo en la oración, la Escritura, el culto y la vida en comunidad. Escritura y sacramento, sufrimiento y canto, memoria y misión convergen para formar una visión viva de la doctrina encarnada. Sin embargo, cuando estos principios fundamentales se pierden, cuando la gramática del amor se sustituye por un lenguaje de poder institucional, la doctrina se convierte en una herramienta de prescripción en lugar de un testimonio de transformación. La verdad del Evangelio nos hace libres, pero cuando la doctrina se desvincula del Espíritu que nos enseña a orar y se reduce a una lista eclesial de credos y afirmaciones doctrinales separadas del amor de Cristo, ya no habla el lenguaje de la fe ni de la fidelidad.

Este dinamismo del amor no es desarraigado. Más que un mero método de razonamiento teológico, el cuadrilátero wesleyano (Escritura, tradición, razón y experiencia) funciona como una gramática de la gracia moldeada por el Espíritu. Permite que la doctrina se mantenga arraigada y generativa, haciendo eco del movimiento del amor divino en contextos siempre nuevos. La teología wesleyana ofrece un modelo singularmente convincente para el desarrollo doctrinal, utilizando la Escritura, la tradición, la razón y la experiencia como medios de gracia para alcanzar nuestro fin en Dios.

Este cuadrilátero no reduce la doctrina a formulaciones estáticas, sino que le permite permanecer como un medio de gracia fiel al Evangelio, a la vez que adaptable a nuevos contextos. Arraigada en la gracia y moldeada por el Espíritu, la teología wesleyana modela cómo la doctrina puede permanecer arraigada y generativa, a la vez antigua y adaptable. La doctrina se fundamenta en las Escrituras, la vida de adoración de la Iglesia y la guía constante del Espíritu, el Espíritu que continúa animando y ampliando nuestra fiel comprensión y visión de la promesa divina de la Nueva Creación. Y aquí, la teología wesleyana ofrece algo esencial:

un modelo fiel pero flexible de desarrollo doctrinal, arraigado en la Escritura, la tradición, la razón y la experiencia, todo bajo el cuidado providencial del amor de Dios.

En contraste con las visiones deslumbrantes de la doctrina como una fórmula inamovible o permanente, afirmo una tradición viva y dinámica, que respira profundamente con el Espíritu, quien es el Señor y Dador de vida. La doctrina es dinámica porque la fe de la Iglesia es dinámica, siempre respirando con el Espíritu, latiendo con el amor divino y adaptándose al ritmo de la obra continua de Dios en el mundo. Los credos no son jaulas de fe, sino canciones, compuestas por comunidades en sintonía con la guía del Espíritu a través de los medios de gracia. El dogma, en su mejor expresión, no silencia las preguntas, sino que da espacio al misterio sagrado. El Canon Vicenciano, "en todas partes, siempre y por todos", no debe usarse para eclipsar prematuramente la esperanza escatológica de la Nueva Creación. Las doctrinas de la Iglesia continúan expandiéndose y expandiéndose con la gramática del amor infinito y vulnerable de Dios, porque el futuro de Dios y de toda la creación espera el cumplimiento por parte del Espíritu de la promesa de Cristo de "hacer nuevas todas las cosas".

Gran parte de mi trabajo académico se ha centrado en el desarrollo de la doctrina de la Iglesia. A lo largo del camino, he descubierto profundas fuentes de sabiduría y gracia en la tradición teológica de la Iglesia. Pero todo cambió en el momento en que comprendí que estas enseñanzas, credos, dogmas y doctrinas no se forjaron en la especulación abstracta, sino que nacieron de la oración. Esa comprensión transformó para siempre mi perspectiva sobre la vida doctrinal de la Iglesia.

Durante casi cuarenta años, he enseñado la belleza, la verdad y la gracia de la fe de la Iglesia. He buscado, aunque imperfectamente, vivirla, encarnar lo que he enseñado. Y, sin embargo, siempre me he sentido como un profeta en la periferia de la tradición de la Iglesia, mirando hacia los márgenes de la sociedad y la cultura, sostenido por una fe llena de la energía del amor de Dios. Desde esa perspectiva, he observado con profunda tristeza cómo el cristianismo institucional, en sus múltiples formas y a través de diversas comuniones, ha comenzado a revertir el orden vivo del Evangelio. Cada vez más, la pertenencia ha llegado a depender del asentimiento intelectual a la doctrina, de la afirmación del credo requerida antes de la comunión, antes de la relación, antes de la gracia. En muchos lugares, se ha arraigado una especie de certeza de credo y doctrina, reemplazando la fe nacida del Espíritu, que es el verdadero corazón de la Iglesia. Claramente, esto no es el Evangelio.

La Buena Nueva es que ya pertenecemos a Dios, los unos a los otros, al amor reconciliador de Dios en Cristo por el poder del Espíritu. Creemos porque nos ha despertado la oración, porque nos ha encendido el Espíritu, porque el fuego del amor divino ha despertado en nuestros corazones la confianza. La doctrina, entonces, no es la puerta de entrada a la Iglesia, sino la respuesta de la Iglesia al Dios que ya se ha acercado. La buena doctrina es la expresión fiel de nuestra pertenencia compartida a la luz del amor de Dios.

Y, sin embargo, con demasiada frecuencia, tan pronto como se forma el Credo, la Iglesia pasa de la confesión a la consolidación, de la doxología comunitaria a la regulación institucional: como tras el Concilio de Nicea, cuando la ortodoxia nicena se utilizó para marginar las voces disidentes y suprimir la diversidad teológica, se convirtió en una herramienta de control. La doctrina, antaño doxología, se solidifica en dogma utilizado para dividir. Este libro, entonces, es a la vez una recuperación de la fe y la doctrina y una súplica por una renovación del testimonio de la Iglesia a través de una gramática de amor inspirada por el Espíritu, para que la doctrina vuelva a funcionar como la gramática fiel de la pertenencia divina en lugar de un límite de exclusión. Es una obra de profunda esperanza ecuménica, una labor ofrecida al servicio de la unidad por la que Cristo oró en su gran oración sacerdotal. Es un llamado a recordar que el Espíritu todavía respira, que la doctrina fiel todavía puede cantar y que el amor de Dios sigue siendo la primera y última palabra de la Iglesia, un amor que nos envía al mundo no con miedo o control, sino con manos y corazones abiertos, anhelando una Iglesia renovada en la compasión, la comunión y la valiente esperanza de la Nueva Creación.

El primer orden del conocimiento
El amor antes del lenguaje

Este libro busca recuperar lo que podría llamarse el "primer orden del conocimiento", una forma de conocimiento que no nace de la construcción humana, sino del amor infinito y vulnerable del Creador. Desde el principio de la creación hasta su cumplimiento prometido, Dios pronuncia la Palabra e inunda el cielo y la tierra con su gloria divina. Esta forma de conocimiento se basa, y depende continuamente, de la intervención del Creador, no solo en lo que vemos y oímos, sino en lo que conocemos y cómo lo conocemos. Como tal, la doctrina puede entenderse como una respuesta de "segundo orden": la fiel articulación de la Iglesia a esta iniciativa divina, una gramática moldeada por el primer orden de la autorrevelación amorosa de Dios. Este marco entiende la doctrina como la gramática del amor divino, un lenguaje nacido del amor iniciador del Creador, sostenido por el Espíritu y expresado fielmente por la Iglesia.

Este primer orden del conocimiento se despliega como misterio y misericordia:

- La Palabra que habló y creó a la existencia es el Amor que es Dios.
- El Verbo hecho carne es el Amor que es Dios.
- La Palabra que respiró con la llama del Amor en Pentecostés es el Espíritu que formó la Iglesia como el Cuerpo vivo y palpitante de Cristo, una comunión de diversas voces unidas por la gracia, hablando en muchas lenguas con una gramática compartida del amor divino.
- La Palabra que promete la Nueva Creación es el Amor que es Dios, nuestro principio y nuestro futuro fin.

Este Amor que es Dios es la fuente de la fe. A partir de esta iniciativa divina, la fe se despierta en el alma y se expresa mediante la oración y la doctrina, conformando la gramática responsiva del amor de la Iglesia.

La fe como don
Despertado por el Espíritu, no ganado

La fe no es un logro nuestro. Es un don de Dios, radicalmente diferente de la rectitud basada en las obras o de la aceptación intelectual. A diferencia de la fe enmarcada como mérito o como una conclusión racional, este don surge únicamente de la gracia, llamándonos a una humilde confianza y a una relación íntima con Dios. No es algo que poseemos, sino algo que Dios nos da. No surge de la persuasión intelectual ni del esfuerzo personal, sino del despertar del Espíritu, una confianza inmerecida que fluye de la iniciativa divina. Esta iniciativa divina invita a la Iglesia a una postura de humildad doctrinal, recordándonos que todo lenguaje teológico es secundario, siempre una respuesta a la primera Palabra de amor de Dios.

La fe no surge del yo, sino del encuentro. Es la seguridad, dulce pero inquebrantable, de que Dios nos conoce, nos ve y nos ama. Es el susurro amoroso del Espíritu, que nos llama por nuestro nombre antes de que pronunciemos una sola palabra.

La oración y la respiración
La gramática de la confianza del Espíritu

La fe nace de la oración y el amor, pero ni siquiera la oración es, en primer lugar, un acto humano. La oración es el aliento mismo del Espíritu en el corazón, que despierta asombro, entrega y confianza, y moldea la vida comunitaria de la Iglesia mediante ritmos compartidos de adoración, confesión, esperanza, asombro, entrega y confianza, antes de confesar cualquier credo o pronunciar cualquier palabra. La Iglesia no inventa la fe mediante la articulación teológica; la recibe mediante la adoración infundida por el Espíritu.

John Wesley preguntó repetidamente con urgencia pastoral: "¿Está tu fe llena de la energía del amor de Dios?". Para Wesley, este amor nunca es sentimental ni abstracto. Es amor católico, amor Trino, derramado del Padre, revelado en el Hijo y derramado en nuestros corazones por el Espíritu Santo. Este amor divino no es una doctrina que deba definirse, sino un fuego que debe encenderse.

Charles Wesley captura esta visión en su himno:
¡Oh, Amor Divino, qué dulce eres!
¿Cuándo encontraré mi corazón dispuesto, completamente entregado a ti?

Este no es un llamado a la precisión doctrinal, es una súplica para que el Dios vivo habite en el corazón, formando en nosotros una gramática encarnada del amor que trasciende las meras palabras.

El amor antes de la creencia

El amor precede a la creencia. La adoración precede a la expresión. Somos atraídos a la fe; no la alcanzamos razonando. La fe no se construye mediante la lógica humana ni por la decisión voluntaria de creer, sino que es infundida por el amor divino. Como escribe el apóstol Pablo: "El amor de Dios ha sido derramado en nuestros corazones por el Espíritu Santo que nos fue dado" (Rom 5:5). Para los Wesley, esta efusión es nada menos que la inmensidad de toda la Trinidad.

La fe puede nacer en el corazón, pero se nutre en el Cuerpo, la Iglesia, el cuerpo vivo y palpitante de Cristo, donde las prácticas compartidas, el culto comunitario y el amor mutuo dan origen a la doctrina no como convicción privada, sino como un lenguaje común moldeado por la gracia. John Wesley insistió: "No hay santidad sino santidad social". La vida cristiana no puede sostenerse aisladamente. La Iglesia es la escuela del amor, el hábitat de la gracia, la morada donde los creyentes se moldean a la semejanza de Cristo mediante la palabra, la mesa y la vida diaria.

La palabra antes de las palabras
Escuchando la Creación que Dios Ama

Antes de que la Iglesia pronunciara sus credos, la Palabra ya hablaba. La Palabra por quien todo fue creado nunca ha permanecido en silencio. La creación misma es el primer sacramento de la obra del Creador: las montañas y los ríos, los animales y los árboles, el sol y las estrellas, todos dan voz a la gloria del Creador, sin palabras humanas. Como dice el salmista: "Un día emite palabra a otro día, y una noche a otra noche declara conocimiento" (Sal 19,2).

La creación habla una gramática más antigua que la teología, una doxología anterior a la doctrina. La doctrina no reemplaza el testimonio de la creación; responde a él. Es el fiel intento de la Iglesia de escuchar, nombrar y hacerse eco de lo que ya se ha declarado desde el principio: que Dios es Amor. De esta manera, el discurso eterno de la Palabra se convierte en el impulso fundamental de la tarea de la Iglesia de articular doctrinal, no para definir el misterio, sino para participar en su alabanza y proclamar su presencia. ¡Piénsenlo!

Es la disciplina de esperar, sin aferrarse, a que la Palabra hable. Desde esta postura, la doctrina no puede ser control ni conquista. Debe ser espaciosa y reverente. Debe surgir del asombro, nunca de la certeza. La doctrina es la gramática fiel del amor de Dios. Surge de la atención reverente a un mundo que ya proclama el nombre de Dios. No es invención de la Iglesia, sino su humilde respuesta.

La doctrina y el credo surgen no para reemplazar este "primer orden del conocimiento", sino para dar forma a cómo conocemos en el amor, para ayudar a la Iglesia a recordar y confesar lo que ha recibido. Los credos nunca tuvieron la intención de encerrar el misterio en fórmulas, sino de proteger el testimonio de la Iglesia del amor de Dios revelado en Cristo, un amor que ya canta en la creación, que ya respira en la oración.

Históricamente, la doctrina ha seguido el movimiento de la fe. La Iglesia no comenzó definiendo a Cristo, sino adorándolo. Los primeros cristianos fueron absorbidos por la vida del Espíritu mucho antes de tener palabras para describirla. La doctrina llegó después, no para limitar esa vida, sino para dar fiel testimonio de ella. La tarea de la doctrina es entretejer la gramática del amor de Dios en nuestra imaginación y esperanza en el amado Reino de Dios en la tierra como en el cielo.

Así, volvemos al corazón de la afirmación central de este libro: la doctrina es la gramática fiel del amor de Dios, un lenguaje nacido del amor, moldeado por el amor y que nos devuelve al amor. Es una forma de hablar que surge del amor, sirve al amor y nos devuelve al amor. No silencia el misterio, sino que nos invita a habitarlo. No comienza con palabras, sino con el Verbo hecho carne, y con la creación que aún lleva la gloriosa presencia de su Creador. La doctrina se encarna para aprender la gramática fiel del amor de Dios y conducir todas las cosas hacia la Nueva Creación.

Este libro se ofrece como un pequeño eco de ese amor, buscando aprender y hablar la gramática del amor encarnado, el tema mismo de la Doctrina hecha Carne. Mi oración es que aprendamos a hablarlo fielmente, juntos.

Capítulo uno
De la Comunión al Credo

Profesar la fe cristiana es ser atraído hacia el lenguaje del Espíritu, un lenguaje modelado por la Palabra, alimentado en el culto y ordenado hacia el amor.
Rowan Williams
"Dios es amor; y el que permanece en amor permanece en Dios, y Dios en él." (1 Juan 4:16)

La Iglesia cree porque pertenece

Antes de que la Iglesia tuviera un credo, tuvo una comida. Antes de que se escribiera la doctrina, se partía el pan, una comida que sembró la gramática del amor que la doctrina luego expresaría. Los primeros cristianos no se reunían para debatir proposiciones, sino para compartir la vida, para orar, para recordar, para tener esperanza. La fe no comenzó con una declaración de fe. Comenzó con un encuentro: Cristo resucitado en medio de un pueblo quebrantado, desconcertado y alegre.

Este orden importa. El modelo de la verdad cristiana no se impone desde arriba, sino que emerge de la experiencia vivida de la Iglesia. La doctrina sigue la forma del Evangelio mismo, surgiendo del encuentro con Cristo resucitado, nutrida en la comunión y encontrando expresión en las confesiones de los fieles. Lo que la Iglesia cree, enseña y confiesa no es otra cosa que el Evangelio. No inventa la verdad; responde a la verdad ya recibida.

La doctrina surge cuando la Iglesia da testimonio de lo que ya ha recibido y experimentado en el Espíritu. Esto significa que la doctrina no hace a la Iglesia; sugerir lo contrario violaría el modelo de la verdad cristiana. Más bien, la Iglesia cree porque confía en que pertenece a Cristo. La Iglesia no cree para pertenecer. Ya está injertada en el Cuerpo vivo y palpitante de Cristo, inflamada por el Espíritu.

Desde esta comunión de pertenencia, la Iglesia expresa lo que sabe en lo más profundo de su ser: que

Jesucristo es el Señor, que Dios es amor y que el Espíritu sigue obrando. Los credos y las doctrinas no fabrican la creencia, la confiesan. El Credo no crea ni define a la Iglesia; el Espíritu da origen a ambos. La Iglesia, viva en el Espíritu, expresa la verdad del Evangelio al confesar su fe a través del Credo, y no gracias a él.

La Iglesia, como la "nueva morada de Dios en el Espíritu", dice John Wesley, siempre tuvo como propósito reflejar la unidad y la comunión de la vida trinitaria. Sus primeros credos dieron testimonio no solo de lo que creían los cristianos, sino también de su pertenencia. La doctrina no era solo una descripción de la fe. Era la gramática del amor, una forma de hablar y vivir que moldea la identidad, las relaciones y las prácticas de la Iglesia para participar en Dios mediante la fe.

Una tradición viva se convierte en ídolo cuando se convierte en el centro de su culto; en símbolo cuando se desconecta de la tradición y se desvía en su culto; pero en icono cuando participa de la realidad a la que apunta en su culto. Cuando la doctrina se fundamenta en la comunión y la oración, sirve como icono, participando del amor divino; pero cuando se separa de la vida del Espíritu en la Iglesia, puede degenerar en símbolo o incluso en ídolo. En este sentido, los credos no están destinados a ser encerrados por muros, sino a ser ventanas que nos abren al misterio. Ofrecen un lenguaje compartido, forjado en la oración y la comunión, un lenguaje que surge no como una frontera, sino como una invitación, haciendo eco de la afirmación de este capítulo de que la doctrina emerge de la experiencia vivida del Espíritu por la Iglesia. A través de esta experiencia, la Iglesia canta, lamenta y proclama el amor de Dios que une todas las cosas.

Por eso Juan Wesley pudo hablar de la prioridad ontológica del amor de Dios en todas las cosas. Para Wesley, la doctrina nunca pretendió silenciar ni excluir, sino hablar con el lenguaje de la fe, avivar la esperanza y expresar el amor santo. El Espíritu que encendió a la Iglesia en Pentecostés continúa encendiendo en nosotros el mismo fuego del amor de Dios: una fe que nace en la comunión y fluye hacia la confesión, la doxología y la vida en comunidad en el amor. La doctrina, entonces, es la gramática fiel del amor divino, una gramática que prepara a la Iglesia para recibir y responder al Espíritu que da las palabras que pronunciamos con fe, una respuesta dada por el Espíritu que surge de la comunión de la Iglesia con Dios, no como un prerrequisito para la fe, sino como su expresión en desarrollo.

El Espíritu da las palabras

El Espíritu que da vida a la Iglesia también le da su lenguaje fiel. La doctrina no comienza en la academia ni en la mesa del concilio. Empieza cuando alguien, en algún lugar, abre su corazón a Dios y encuentra al Espíritu ya orando en él. Como escribe Pablo: "El Espíritu intercede con gemidos indecibles" (Romanos 8:26).

La doctrina siempre comienza en la oración, porque el primer principio de la fe en el corazón es la confianza, una confianza que, si bien es profundamente personal, siempre se moldea y se expande gracias a la vida comunitaria de la Iglesia, su culto y la memoria del pueblo de Dios, inspirada por el Espíritu. La confianza es la forma más pura de la fe, y este don de fe es el fundamento fundamental del amor. Es la confianza de que Dios nos conoce y nos ama.

Incluso cuando pedimos fe porque aún no la conocemos, la petición misma es señal de que el Espíritu ya está obrando en nosotros. Antes de saber qué creer, sabemos lo que significa anhelar, gemir y buscar a Dios. Ese anhelo ya es una especie de conocimiento, un conocimiento que nace de la obra más profunda de fe del Espíritu en nosotros. Así es como la doctrina comienza en la oración, una confianza que, si bien es profundamente personal, siempre se moldea y se expande gracias a la vida comunitaria de la Iglesia, su culto y la memoria del pueblo de Dios, inspirada por el Espíritu.

John Wesley comprendió esto bien. Constantemente preguntaba: "¿Está tu fe llena de la energía del amor de Dios?". Para Wesley, la verdadera fe es siempre un don del Espíritu, y su evidencia no se reduce a un conjunto de creencias correctas, sino al santo amor de Dios que impregna toda la creación. Tanto John como su hermano Charles llamaron a esto "amor católico", un amor que fluye de la vida trinitaria de Dios y lo abarca todo. El amor católico es el alma de la doctrina de la Iglesia, y funciona como fundamento teológico para una doctrina expansiva en lugar de restrictiva, un amor que llama a la Iglesia a abrazar la diversidad, encarnar la hospitalidad y confesar la fe de una manera que refleja el corazón inclusivo del Dios Trino; un amor expansivo, inclusivo y misional, que fluye de la vida del Dios Trino y se extiende para abrazar a toda la creación en gracia y comunión.

Esto se expresó a través de la poesía de Charles Wesley y la himnodia de los primeros metodistas, que dieron voz a los profundos afectos de los corazones despertados por la gracia. Su poesía expresó lo que los corazones despertados por el Espíritu ya sabían: que la Trinidad no es un rompecabezas por resolver, sino una doxología para cantar. Charles sabía que no llegamos a Dios razonando. Nos atrae la belleza, nos despierta la alegría y nos convoca el amor.

La fe, una vez despertada por el Espíritu, no puede permanecer en silencio. Arde por hablar desde la llama del amor. Y lo que dice no son meras proposiciones, sino alabanzas. La doctrina fiel, desde esta perspectiva, no es producto de la deducción ni del cálculo. Es fruto de la comunión. Es la Iglesia, respirando profundamente con el Espíritu, dando voz al amor recibido, una gramática de comunión formada por el Espíritu que moldea cómo la Iglesia conoce, ora y vive en respuesta fiel.

Por eso la doctrina no puede separarse de la vida afectiva del Espíritu; nace donde la confianza se encuentra con el amor, donde el anhelo se convierte en lenguaje. La doctrina no responde al anhelo con clausura, sino con comunión, una que anticipa la efusión del Espíritu en Pentecostés, donde el lenguaje del amor encontró muchas lenguas. Nos enseña a escuchar nuestros gemidos más profundos y a responder con la gramática de la gracia. Enseñar doctrina, entonces, no es explicar el misterio de Dios, sino invitar a otros a unirse al canto. Es decir: "Venid, cantemos al Señor; aclamemos con júbilo a la roca de nuestra salvación" (Salmo 95:1). Es decir: "Gustad y ved" (Salmo 34:8). Venid y escuchad. Venid y cantad.

Por eso la historia de Pentecostés es tan central. El derramamiento del Espíritu no fue un evento silencioso. ¿Cómo podrían acallarse un viento impetuoso y el ruido de muchas lenguas diferentes? Pentecostés, esa "nueva morada de Dios en el Espíritu" (Wesley), trae al mundo muchas maneras diferentes de capturar el misterio del amor infinito y vulnerable que es Dios. Y en cada lengua, el Evangelio encontró un nuevo acento, una nueva cadencia, una nueva manera de decir: "Dios es amor". Esta multiplicidad no amenaza la unidad, sino su cumplimiento, reflejando la unidad relacional de la Trinidad, diversa pero una en el amor. La doctrina moldeada por el Espíritu refleja esta armonía, invitando a la Iglesia a hablar en muchas lenguas con un solo corazón. El Espíritu no borra la diferencia, sino que la transfigura en armonía. La Iglesia no confiesa en una sola lengua, sino que celebra el don de la diversidad y canta en armonía: muchas voces, un solo amor.

Enseñar doctrina, entonces, no es explicar el misterio de Dios, sino invitar a otros a unirse al canto, un canto cuya melodía está moldeada por el Espíritu y cuya armonía resuena con la vida del Dios Trino. Y la fuente de este canto, la melodía y armonía de nuestra confesión, es el Dios Trino cuyo amor habita en nosotros. El Espíritu que nos da los diversos lenguajes del amor unitivo es el mismo Espíritu que nos atrae a la vida misma del Padre, el Hijo y el Espíritu Santo, "Trinidad" en Unidad y Unidad en Trinidad (Atanasio).

La doctrina como don de la vida trinitaria

La doctrina no se origina en la abstracción; emerge del corazón del amor trinitario, un ritmo afectivo de comunión divina que hace eco del canto del Espíritu que ya vibra en la Iglesia. Tanto Charles como John Wesley enseñaron que "hasta que toda la Trinidad descienda a nuestros corazones fieles", no podremos despertar plenamente al poder transformador de la gracia. El corazón fiel que confía es una participación en la vida y el amor confiados de Dios, un movimiento trinitario en el que el Espíritu atrae a los creyentes a la íntima confianza compartida entre el Hijo y el Padre, formándonos dentro de los ritmos mismos de la comunión divina y cimentando nuestra fe en la experiencia vivida de la gracia que John Wesley describió tan vívidamente como el amor inmanente de Dios.

En el himno de Charles Wesley, "Oh Amor Divino, Qué Dulce Eres", escuchamos este anhelo por la plenitud de la morada trinitaria: "Fijo en el montículo de Atanasio, aún necesito un terreno más firme / Que solo me baste, / Toda la misteriosa Trinidad / Habitando mi corazón". La fe no es simplemente conocimiento de Dios. Es Dios morando en nosotros, y nosotros en Dios. Aquí es donde comenzamos a expresar la gramática fiel del amor de Dios.

Esta es la lógica de la Encarnación, el modelo encarnado de la revelación y participación divinas. Jesús no vino a enseñar una doctrina abstracta y distante. Jesús vino a vivir el amor de Dios en carne humana. Al hacerlo, Cristo reveló no solo quién es Dios, sino también lo que significa ser verdaderamente humano. El descenso del Espíritu en Pentecostés continúa esta lógica encarnacional. El Espíritu habita en el Cuerpo de Cristo, no como una presencia vaga, sino como el fuego del amor derramado en los corazones humanos.

Además, la soteriología del Evangelio revela el modelo por el cual la fe, la esperanza y el amor son recibidos y vividos. Así como estamos llamados a ser santos como Dios es santo, o a ser perfectos como nuestro Padre celestial es perfecto, sabemos que todo lo que Dios manda, Dios también lo da y lo cumple. Así, la doctrina que es la gramática fiel del amor de Dios se forma a partir de la lógica de la gracia divina. Solo amamos porque Dios nos amó primero; solo somos santos porque Dios nos hace santos. Como tal, la propia fidelidad de Cristo (*pistis Christou*) se convierte en la fuente y forma de nuestro fiel conocimiento y amor, fundamentando el desarrollo de la doctrina no en la iniciativa humana sino en la perfecta confianza y amor de Cristo. Este modelo participativo revela la doctrina como una respuesta formada por el Espíritu, un eco de la propia fidelidad relacional de Cristo vivida en la Iglesia. Como dice Pablo, "vivo en la fidelidad del Hijo de Dios, que me amó y se entregó a sí mismo por mí" (Gálatas 2:20).

Cuando la doctrina se desvincula de esta lógica de iniciativa divina, se convierte en un código erróneo, un guion desordenado que carece de la sintaxis del amor del Espíritu, la única que puede animar la fe en la práctica, como un algoritmo corrupto que desorienta nuestra vida. Pero cuando se fundamenta en el Evangelio, la doctrina fiel se convierte en un código vivo: un modelo infundido por el Espíritu para conocer, amar y actuar. Es una catequesis escrita en la gramática del amor de Dios.

Por eso, John Wesley solía hablar del nuevo nacimiento como el Dios Trino que habita en el corazón. La salvación no es solo perdón; es la morada divina en nosotros, que nos hace nuevas criaturas. Y esa morada siempre rebosa. Da origen a afectos santos, a obras de misericordia, a hábitos de oración y a las doctrinas que proclaman el amor perfecto de Dios en el que confiamos. La obra de la fe es confiar en el amor que mora en nosotros y que no solo perdona, sino que nos invita a participar del amor de Dios que inflama nuestros corazones y nos hace nuevas criaturas.

La doctrina, entonces, no es algo que la Iglesia crea. Es algo que el Espíritu suscita. Es la forma en que el amor se plasma en el lenguaje de los corazones fieles.

Es el intento de la Iglesia de definir lo que significa estar inmerso en la vida Trina de Dios, un acto siempre provisional, en constante desarrollo, a medida que la Iglesia se adentra cada vez más en el misterio del amor divino por el Espíritu. Creemos en quien confiamos porque sabemos a quién pertenecemos, y cuando sabemos que pertenecemos, confesaremos lo que creemos y confiamos acerca de Aquel a quien pertenecemos. La doctrina es la gramática de esa pertenencia cuando el Espíritu derrama la energía del amor de Dios en nuestros corazones.

Gregorio Nacianceno, a menudo llamado "El Teólogo", por sus profundas reflexiones teológicas, prestó especial atención a la importancia de ser cuidadosos al hablar de Dios, quien, en esencia, está más allá de la comprensión humana. En sus *Oraciones Teológicas*, Gregorio advierte que debemos "estar quietos", como en la oración, para conocer a Dios, porque nuestras maneras humanas de conocerlo son "débiles y frágiles". Y, sin embargo, permanecer en silencio es descuidar la verdad que emerge de la quietud. Esta convicción resuena en la historia de la Iglesia y nos recuerda que la doctrina no es simplemente intelectual; es doxológica. Surge de la inmensidad divina y tiene como propósito glorificar al Dios que habita entre nosotros.

El Espíritu Santo no solo aclara la doctrina; la hace posible. El Espíritu es la condición para que sea posible todo discurso fiel sobre Dios. Sin el Espíritu, carecemos de las palabras para expresar la fe, y entonces nuestra doctrina se vuelve frágil, reducida a argumentos o ideologías, aislada del discurso dinámico y doxológico del Espíritu que vivifica el testimonio de la Iglesia y la llama a una comunión más profunda. Pero, forjada en el fuego del amor de Dios, se convierte en palabra viva, un don que nos une a Cristo y entre nosotros.

De esta manera, la doctrina no es externa a la salvación; es uno de sus frutos. La doctrina no es el camino hacia la gracia, sino la expresión de una vida plena de fe abrazada por la gracia. Y esa gracia es nada menos que la vida del Dios Trino compartida con el mundo, por medio de Cristo, en el Espíritu.

Del dogma a la fe viva

En este capítulo, utilizo términos como doctrina, dogma, credo y gramática del amor para describir el fiel intento de la Iglesia por expresar el amor divino que ha recibido. Aunque distintos en matices teológicos, todos estos términos tienen un propósito común: ayudar a la Iglesia a dar voz a la fe que vive en comunión con el Dios Trino.

La palabra "dogma" ha llegado a sonar fría para muchos, evocando rigidez, exclusión o control en lugar de admiración, amor y testimonio. Sin embargo, originalmente, el dogma funcionaba como la confesión doxológica de la Iglesia, una proclamación nacida del Espíritu, moldeada en la oración y la comunión, no como un punto fijo ni una exigencia inflexible. El dogma, en su sentido más primitivo, nunca se trató de rigidez. Se trataba del testimonio fiel de la Iglesia del misterio de Dios revelado en Cristo. El dogma nunca tuvo la intención de constreñir; su propósito era confesar la fe en Cristo que la Iglesia había recibido, una fe nacida del Espíritu y encontrada en la comunión, no construida como un control episcopal.

El dogma de la Iglesia es su fe. Los Credos no son añadidos marginales a la vida cristiana; son la memoria destilada de la Iglesia, preservada y vivificada por el Espíritu, quien transmite la experiencia vivida de Dios por la Iglesia mediante la lucha, la gracia y la oración; una memoria forjada en la oración, clarificada mediante la lucha y sostenida por el amor. Nunca fueron concebidos para terminar la conversación, sino para profundizar la comunión. Cuando el dogma vive, sirve a la Iglesia como un medio de gracia, ofreciendo un lenguaje que fundamenta y guía a la comunidad en su camino hacia Dios.

La esencia de la fe es el amor, y la gramática de ese amor es la doctrina fiel. La doctrina y la fe van de la mano, pues lo que la Iglesia cree no es una proposición estática, sino una comunión dinámica, animada por el Espíritu y expresada a través de la gramática del amor que configura la vida compartida de la Iglesia en Cristo. Los Credos dan voz a esa fe, y la Iglesia los confiesa no por pertenecer, sino porque ya pertenece. El Espíritu, que ha dotado a la Iglesia con la fe de Cristo, continúa impulsándola a una participación más profunda en el amor de Dios. Y como este amor es infinito y vulnerable, siempre crece, cambia y se expande en el tiempo, el espacio y la carne.

En el Nuevo Testamento, la frase paulina "fe en Cristo" (*pistis Christou*) constituye una comprensión profundamente participativa de la salvación. No es solo la fe en Cristo, sino la fidelidad de Cristo, la confianza y obediencia vividas del Hijo al Padre, a lo que se ve atraída la Iglesia. Esta distinción es fundamental para entender la doctrina no como una mera creencia en Dios, sino como una participación en la fe misma que Cristo ejerce con confianza y amor. Así como Cristo confía en el Espíritu, también debe hacerlo la Iglesia. De lo contrario, cuando la Iglesia deja de inspirar al Espíritu que la convierte en el Cuerpo viviente y palpitante de Cristo, pierde la fe y la capacidad de expresarse en la gramática del amor, y finalmente muere.

John Wesley sabía que la fe no es nuestra para poseerla, sino de Dios para darla. No redujo la fe a un simple asentimiento mental. Más bien, veía la verdadera fe como una confianza viva en el amor de Dios derramado en nuestros corazones por el Espíritu. Por eso insistió en que toda doctrina debe ser "divinidad práctica", un lenguaje moldeado por la gracia y orientado al amor santo. La doctrina fiel debe encarnarse y vivir en el mundo para su vida.

Sin embargo, el dogma puede distorsionarse. Cuando se convierte en una herramienta de exclusión o dominación, deja de funcionar como medio de gracia. Se endurece. Olvida al Espíritu. Se convierte en tradicionalismo, lo que Jaroslav Pelikan llamó "la fe muerta de los vivos". Sin embargo, la tradición también es evolutiva, como un cuerpo que crece hacia la madurez bajo la guía del Espíritu, quien atrae a la Iglesia a una participación cada vez más profunda en el amor que se despliega y la promesa escatológica de Dios. La doctrina no abandona sus orígenes y convicciones, sino que las profundiza a medida que crece, recapitulando la verdad de Dios en Cristo a través del Espíritu (las "dos manos" de Dios, Cristo y el Espíritu) en una plenitud cada vez mayor. Esta visión de crecimiento afirma que la doctrina no es estática, sino una participación en desarrollo en la obra del Espíritu, que madura con la Iglesia a medida que se adentra más en el amor y el misterio del Dios Trino. Esta visión esperanzadora invita a la Iglesia a encarnar la fe y a confiar en que el Espíritu no permitirá que las doctrinas de la fe decaigan, sino que guiará fielmente a la Iglesia hacia una participación más plena en el misterio de Cristo. "Donde está el Espíritu, allí está la Iglesia de Cristo", exclama San Ireneo (*Contra las Herejías*).

El problema no es que la Iglesia tenga dogma. El problema surge cuando ese dogma ya no participa en la tradición viva de la Iglesia, cuando olvida que el Espíritu Santo es la fuerza animadora de la tradición, que infunde vitalidad y gracia en su testimonio a través de las generaciones, cuando deja de respirar con la vitalidad del

Espíritu. Esta ruptura ocurre cuando olvidamos que el Cuerpo vivo y palpitante de Cristo, la Iglesia católica, está llamada a crecer y cambiar conforme se integra en la promesa de la Nueva Creación. Y así como la Iglesia madura y cambia, también los dones canónicos del Espíritu, las Escrituras y los Credos, deben participar en esa transformación en desarrollo. No son artefactos estáticos, sino testigos vivos del amor infinito y vulnerable de Dios, moldeados por y moldeando el camino que nace del Espíritu hacia el futuro prometido por Dios.

La Iglesia no descarta ni reemplaza los Credos, como tampoco descarta ni reemplaza el canon de las Escrituras. Sin embargo, debe reformarse constantemente en el uso fiel de estos dones canónicos. Pues no contienen la plenitud del amor infinito y vulnerable de Dios; más bien, apuntan hacia él, nos impulsan hacia él y, a veces, deben reinterpretarse a la luz de él. La promesa de Dios que nos fue confiada en las Escrituras y el Credo exige una corrección guiada por el Espíritu, no para borrar el pasado, sino para cumplirlo con mayor fidelidad. A lo largo de la historia de la Iglesia, hay momentos en que los usos heredados deben dar paso a nuevas interpretaciones, cuando el Espíritu impulsa al Cuerpo a arrepentirse, a reconsiderar y a reescribir lo que se ha transmitido. Desde la relectura de la Torá en la carta a los Hebreos hasta las realidades vividas de la Iglesia actual, este patrón se mantiene. "La gloria futura ya ha comenzado", nos recuerda John Wesley. Nada de la fe de la Iglesia, pasada, presente o futura, se pierde ni se descarta. Todo se transfigura y se renueva para que florezca a la luz de la Nueva Creación.

La fe no crece de forma uniforme ni universal, ni de la misma manera para todos, según un único ritmo. El amor se arraiga de diversas maneras, con voces diversas, en momentos diferentes. Pero siempre crece y cambia a medida que se expande, según la energía expansiva del amor divino y cruciforme. El Creador Trino ha confiado a la Iglesia el uso fiel de estos dones, estos medios de gracia, como instrumentos a través de los cuales somos conducidos hacia nuestra gloria final en comunión con Dios. El futuro de la creación, de la Iglesia y de Dios depende de esta sagrada confianza. Y en palabras de Charles Wesley, tenemos la seguridad: "El Espíritu no nos dejará extraviar el camino de la providencia". El Espíritu será fiel. Por lo tanto, la Iglesia también debe ser fiel, "sin hacer daño" (Wesley), a las crecientes convicciones y a la vibrante diversidad de lenguas que buscan hablar con una fe energizada por el amor de Dios.

La verdad transmitida en la Iglesia madura con quienes la reciben. La doctrina, como la creación, recapitula, alcanzando su plenitud con el tiempo, a medida que la Iglesia se adentra más plenamente en el misterio que confiesa. El amor infinito de Dios no puede agotarse ni limitarse con la doctrina de una sola generación. Por eso, la obra del Espíritu no consiste en desechar lo transmitido, sino en iluminarlo, expandirlo y grabarlo de nuevo en los corazones y la imaginación de los fieles. Los medios de gracia, la Escritura, los Credos, los sacramentos, los iconos, los santos, no son barreras para el crecimiento, sino plataformas de lanzamiento hacia el misterio del amor de Dios.

Por eso la doctrina debe ser predicada con el fuego del amor, o no. Porque solo cuando la doctrina se enciende en la vida compartida de comunión, en lugar de imponerse como control, da fiel testimonio del Dios que es amor. Solo cuando las palabras se forjan en la oración, en el culto y en la vida compartida de la Iglesia, dan fiel testimonio de Aquel que es amor. La doctrina no es una fortaleza que defender, sino una llama que cuidar y compartir.

Doctrina en el Ritmo de la Gracia

La doctrina fiel nunca debe desvincularse de la Iglesia; siempre debe crecer en ella. La doctrina no se impone desde arriba ni se fabrica aisladamente, sino que surge, como ya se afirmó, de la vida de pertenencia compartida de la Iglesia, moldeada por la comunión y sostenida por el amor. Se discierne en el ritmo del culto, la oración y la vida compartida. Se forja en comunidad, se refina por el amor y se anima por el Espíritu.

John Wesley comprendió esto profundamente. Para él, la fe nunca fue un logro individual, sino un don de la gracia que viene envuelto en la Buena Nueva y crece y evoluciona como un canto comunitario. Por eso insistió en las reuniones de clase, las reuniones de banda y las sociedades, porque la doctrina fiel se desarrolla mejor en círculos de confianza vulnerable y amistad duradera, donde se debate la Escritura, se comparte la oración y se practica el amor. La doctrina surge no al margen de la gracia y la humildad, sino como una gracia que se forma a través del lenguaje del conocimiento fiel mediante el amor, una gramática del amor discernida en comunidad y moldeada por la obra continua del Espíritu de iluminar la verdad de Dios mediante la adoración, la oración y la vida en comunidad. La rica sabiduría de las doctrinas de la Iglesia ilumina las múltiples maneras de conocer mediante el amor.

En la visión wesleyana, los medios de gracia no son simplemente disciplinas, sino la propia y generosa entrega de Dios para formar a Cristo en nosotros. No razonamos para llegar a la verdad; somos atraídos a ella por el Espíritu, juntos. La noción de Wesley de que los mandamientos de Dios están revestidos de las promesas de Dios sigue la oración de Agustín y hace eco poderosamente del tema más amplio del capítulo de que Dios da lo que Dios ordena a través de la gracia habilitadora del Espíritu en sus *Confesiones:* "Concede lo que mandas y manda lo que quieras". Como tal, las doctrinas de la Iglesia son medios de gracia que encarnan la fe de Cristo que está llena de la energía del amor de Dios para asegurar que hablemos la gramática del amor y alcancemos el fin prometido por Dios en la Nueva Creación. La doctrina, desde esta perspectiva, no es una regulación fría a través de códigos rígidos de conducta o categorías absolutas de pensamiento, sino una articulación infundida por el Espíritu, una gramática de pertenencia que nos invita a una relación con el Dios Trino. Está moldeada por la gracia de Dios y ordenada hacia el amor perfecto de Dios.

La doctrina no debe entenderse como fórmulas abstractas, sino como una formación encarnada, como se ve, por ejemplo, en la catequesis bautismal, la liturgia eucarística o el lamento comunitario, entretejida en las prácticas de la Iglesia de oración, misericordia, culto y discernimiento comunitario que moldean vidas en la gracia. La Iglesia es un hábitat de gracia, y la doctrina es una de sus prácticas vivas. Así como aprendemos a orar, a mostrar misericordia y a adorar, también aprendemos a confesar nuestro amor y gratitud a Dios y a toda la creación. La doctrina no es primero un acto de aprehensión intelectual ni una lógica a priori, sino un lenguaje recibido en el amor. Así como amamos porque Dios nos ama primero, conocemos porque Dios nos conoce primero. La gramática de la fe, nacida del amor, se convierte en el lenguaje de la fe de la Iglesia, siempre moldeado por la gracia.

Y como la doctrina crece y se desarrolla dentro del Cuerpo de Cristo, su objetivo nunca es la perfección consumada, sino el amor perfecto que persevera, en la esperanza y en la confianza fiel en las promesas de Dios. La doctrina no es un arma que empuñar ni un código de pensamiento que defender; es un medio de gracia que nos señala el fin prometido por Dios. Nos enseña a andar por el camino del amor y a caminar juntos. Nutre el camino de la Iglesia en la esperanza y la confianza, guiando los corazones hacia la comunión en lugar del conformismo, invitando a una vida compartida de gracia y discernimiento en lugar de la imposición rígida, y fomentando la transformación mutua en lugar del acuerdo uniforme. Nos enseña a confiar con la misma fe y confianza de Cristo. La doctrina sin confianza no es más que un código erróneo, una distorsión que traiciona la misma fe que Cristo dio a la Iglesia.

La Iglesia es el Cuerpo vivo y palpitante de Cristo, animada por el Espíritu y arraigada en la comunión del Dios Trino. Las doctrinas de la Iglesia deben respirar con el mismo Espíritu que la infunde. Deben permanecer flexibles, humildes y siempre abiertas al fuego purificador del Espíritu. Si nuestras doctrinas no nos conducen a una mayor misericordia, una humildad más profunda y una mayor alegría por la vida del mundo, entonces hemos dejado de escuchar a Aquel que habla a través de ellas.

La doctrina pertenece a la Iglesia no como un artefacto, sino como compañera viva en la peregrinación guiada por el Espíritu hacia el futuro de Dios, animada por el Espíritu, quien guía y renueva la comprensión de la Iglesia mientras se adentra cada vez más en el misterio del amor divino. Al recorrer juntos ese camino, llevamos la doctrina no como una reliquia de certeza, sino como testimonio de la gracia: no control, sino amor; no miedo, sino alegría; no orgullo, sino confianza.

El futuro de la doctrina

La doctrina no es el fin de la conversación, es la invitación a comenzar de nuevo, haciéndose eco del anhelo del Espíritu por una nueva gramática del amor que surge de la esperanza y la comunión, una apertura que fluye de la obra continua del Espíritu de guiar a la Iglesia hacia una fidelidad y un amor más profundos, una primera palabra en el diálogo en desarrollo del amor divino que se extiende a través del tiempo y el espacio. El lenguaje de la fe debe sostenerse siempre con humildad y asombro, porque Aquel a quien confesamos es inagotable. La doctrina que olvida su carácter provisional se vuelve frágil, más preocupada por la preservación que por la transformación.

El Espíritu no ha terminado de hablar. La doctrina debe permanecer abierta a la obra continua del Espíritu, así como la Iglesia discernió en el Concilio de Jerusalén (Hechos 15) cómo los gentiles podían ser acogidos en la comunidad de fe sin adherirse a la Ley Mosaica en su totalidad. Ese momento de discernimiento, donde los apóstoles confesaron: "Pareció bien al Espíritu Santo y a nosotros", sigue siendo un modelo de apertura doctrinal: escuchar al Espíritu, la tradición y el testimonio vivido de la comunidad en la vida de la Iglesia y del mundo. Esto no significa que todo esté siempre en juego, sino que la Iglesia debe estar siempre a la escucha, discerniendo la voz del Espíritu a través de los clamores del mundo, la belleza de la creación, el testimonio de los santos y el aliento de la oración. La Iglesia es la nueva forma de estar de Dios en el mundo, la morada del Espíritu, llamada a hablar no solo desde lo que ha sido, sino hacia lo que será.

La inseparabilidad del pasado, el presente y el futuro es fundamental para la vida de la doctrina, reflejando el carácter del amor de Dios, desplegándose, pero consistente, siempre fiel y siempre nuevo. El Verbo que creó todas las cosas con su palabra es el mismo Verbo que se hizo carne y promete renovarlas todas. El Creador no formó la creación simplemente como un contenedor estático para la acción divina, sino como el lugar preciso donde Dios compartiría y confiaría su futuro a toda la creación.

Desde el principio hasta el fin, la creación está siempre impregnada del amor de Dios, amor que une el pasado y el futuro sin separación, formándose para crecer, evolucionar y expandirse de la misma manera que Dios ha elegido crecer, evolucionar y expandirse en comunión con la creación. Desde el primer aliento del Creador hasta la futura Palabra de la Nueva Creación, todo vive, se mueve y respira con la energía del amor divino. Por eso nuestro fin ya está presente en nuestro principio, y nuestro principio espera su cumplimiento prometido al final. La doctrina vive en esta misma tensión escatológica. Nunca es definitiva ni fija, porque el amor de Dios está en constante desarrollo. La doctrina debe crecer y cambiar, no para traicionar su pasado, sino para cumplir la profundidad de su llamado a través de la presencia guía del Espíritu Santo, que conduce a la Iglesia cada vez más profundamente en el misterio del amor divino: un llamado arraigado en el amor como lente interpretativa de la Iglesia, y en la tradición como comunión participativa con el Espíritu que lleva a la Iglesia más profundamente al misterio de Cristo a través del tiempo: para dar testimonio de un amor que siempre se hace más.

Cuando verdaderamente escuchamos la Palabra, nos vemos impulsados a responder, no con repeticiones, sino con una palabra nueva. La doctrina, entonces, no es un eco de la Palabra hablada, sino una conversación fiel que es participación en el amor divino que siempre habla, convoca y desea nuestra fiel respuesta de amor. Es la Iglesia respondiendo a Dios y al mundo con el lenguaje de la fe, continuamente expandida por el amor, transfigurada por la oración y abierta a la irrupción del Espíritu.

John Wesley enseñó que todas las promesas futuras de Dios están presentes en cada mandamiento, lo que subraya su visión de la gracia como iniciativa divina que posibilita la respuesta humana y vincula la esperanza escatológica de la Iglesia con su participación, impulsada por el Espíritu, en el desarrollo del amor divino. En otras palabras, cuando Dios habla, sucede, y el futuro prometido por Dios ya está sucediendo. La esperanza, por lo tanto, no es un sentimiento vago o una ilusión; es la presencia activa del Espíritu que nos atrae hacia la plenitud prometida del amor perfecto. La doctrina, cuando vive en esta esperanza llena de fe, se convierte en un vehículo de imaginación y amor valiente. La verdad nunca es separable de la belleza y la bondad; la doctrina debe irradiar el esplendor del amor divino para dar un testimonio fiel. Su visión de la estética teológica nos recuerda que la doctrina no puede simplemente informar; debe inspirarnos, iluminarnos e invitarnos al drama del amor de Dios que se despliega en la historia y la esperanza. La doctrina, moldeada por el amor y transfigurada por la belleza, se convierte en una armonía que revela el resplandor de la verdad de Dios, una sinfonía de palabras fieles que participan en la doxología, uniéndose a la adoración y alabanza de la Iglesia al Dios Trino (¡La verdad es, como ha dicho a menudo Hans Urs von Balthasar, sinfónica!). Expresar doctrina, entonces, es reflejar la belleza de la entrega amorosa de Dios al mundo.

      Desde esta perspectiva, la doctrina no se trata de respuestas definitivas ni credos terminados. Se trata de un discurso fiel forjado en el amor. Se trata de dar testimonio del amor infinito y vulnerable que es Dios desde la eternidad hasta la eternidad. La continuidad y el cambio marcan la vitalidad y la salud de la fe de la Iglesia, que aspira a hablar con la gramática del amor de Dios. La doctrina siempre cambia, crece y evoluciona cuando se forma por el amor. ¿Cómo no hacerlo? La doctrina que crece en el amor ayuda a corregir la tradición y a protegerla de convertirse en una fe muerta a medida que avanza hacia la promesa de la Nueva Creación. Pero la doctrina fiel también crece en continuidad con la fe viva de la tradición. Este cambio doctrinal en medio de las fluctuaciones de la vida no abandona simplemente las formulaciones doctrinales tradicionales en aras del cambio; más bien, lleva adelante la fe del pasado, permitiendo que la tradición viva se profundice y se amplíe a medida que el Espíritu atrae a la Iglesia más plenamente hacia el misterio del futuro de Dios. La esperanza escatológica es lo que mantiene vivas las doctrinas de la fe, y la energía del amor de Dios las anima hacia su fin doxológico.

La esperanza teológica anhela un tiempo en que la doctrina y el amor sean una sola canción, cuando todas las lenguas confesarán y todas las voces se alzarán en armonía. Esta es la promesa de la Nueva Creación. La doctrina, en su máxima expresión, participa de esta promesa no cerrando el libro, sino pasando página.

Por eso la doctrina debe ser expresada desde el fuego del amor, o no debe ser expresada, pues solo así puede convertirse en doctrina encarnada, en fiel testigo del amor que arde en el corazón del futuro de Dios. Así como toda la creación gime ansiosamente por contemplar el rostro de Dios y recibir las palabras de amor infinito y vulnerable provenientes de la irrupción de la Nueva Creación, también Dios anhela, con alegría y expectación, escuchar de nosotros una nueva gramática del amor. La doctrina, para ser fiel, debe surgir de este anhelo compartido: la expresión infundida por el Espíritu de un pueblo transfigurado por la esperanza, que aprende a hablar de nuevo en el lenguaje de la gloria.

La doctrina fiel solo se expresa desde el fuego del amor. Porque toda la creación gime por ver el rostro del Padre, por escuchar la voz del Hijo, por respirar con el Espíritu que da vida al mundo. Desde lo más profundo de nuestro anhelo y desde la cima de la misericordia de Dios, el amor habla, arriesgando nuevas palabras, expandiendo viejas formas, encendiendo una gramática que ya no está atada por el miedo, sino liberada por la gracia. Y así como Dios habla, Padre, Hijo y Espíritu Santo, también Dios anhela escuchar de nosotros: un nuevo sonido que surge de la comunión de los santos, un lenguaje nacido de la alegría herida y la esperanza radiante, una doctrina transfigurada por el amor que renueva todas las cosas.

Capítulo dos
La doctrina como lenguaje de la fe nacida del Espíritu

La necesidad de hablar, la fe busca el lenguaje

La fe, una vez despertada por el Espíritu, no puede permanecer en silencio. Arde por hablar desde la llama del amor de Dios. Como afirma Agustín en las *Confesiones* (X.6.8), el alma que ama a Dios anhela cantar. Este anhelo de cantar tiene sus raíces en su teología más profunda del deseo y la memoria, donde la memoria no es mera reminiscencia, sino la cámara interior del alma donde Dios habita y habla. La doctrina, desde esta perspectiva, es el acto fiel de la Iglesia de recordar con amor, nombrar y responder a lo que el Espíritu ha despertado en el alma. Así como el corazón de Agustín estuvo inquieto hasta encontrar descanso en Dios, también la doctrina surge del deseo del corazón de nombrar y alabar al Dios que nos amó primero. Así como la Palabra habla y da existencia a toda la creación, esta misma Palabra es el Amor que es Dios, y este Amor que encarna la fe busca expresarse. Cuando la fe empieza a hablar con la gramática de la gracia, no empieza como un asentimiento intelectual a la creencia ni siquiera como una aprehensión de ideas abstractas. La fe empieza por extenderse hacia afuera para expresarse con actos de misericordia y compasión y, cuando es necesario, con palabras significativas y de gratitud por un amor tan indescriptible.

La fe busca siempre un lenguaje, no para controlar el misterio, sino para responder al amor infinito y vulnerable de Dios que crece en el corazón de los creyentes. Es el deseo de nombrar lo sentido, de confesar lo revelado, de alabar al Dios que ya ha hablado. La doctrina comienza aquí: la fe que busca palabras en la estela del amor de Dios. Y la Escritura, testimonio inspirado por el Espíritu de la acción de Dios en el mundo, ofrece a la Iglesia su lenguaje fundacional de amor.

El credo como confesión, el lenguaje primitivo del amor

Los primeros credos de la Iglesia no fueron instrumentos de control. Fueron confesiones de asombro, un lenguaje formado en el corazón de un pueblo que oraba, moldeado en el horno de la adoración, el testimonio, la persecución y la alabanza. Antes de que se definiera la doctrina, se confesaba la fe.

"La Regla de Fe" (*regula fidei*), una frase usada por Ireneo y Tertuliano, no era una lista de verificación, sino una memoria viva del encuentro de la Iglesia con el Dios revelado en Jesucristo. Fue transmitida en forma doxológica, repetida en liturgias bautismales, susurrada por mártires y cantada en catacumbas. Como Ireneo articula en *Contra las herejías* (1:10.1; 3:4.2), esta transmisión no fue un ensayo estéril del dogma sino la memoria viva del amor, doctrina moldeada por el encuentro íntimo de la Iglesia con Cristo crucificado y resucitado. Para Ireneo, la regla de fe era una salvaguardia contra la distorsión no a través de la coerción, sino anclando la proclamación de la Iglesia en la narrativa del amor divino revelado en Jesús. Era teología como memoria, no manipulación; doctrina como amor recordando.

Los credos comenzaron como oraciones comunitarias que albergaban la esencia del Evangelio en medio de reivindicaciones contrapuestas y distorsiones progresivas. El Credo de los Apóstoles y el Credo Niceno surgieron no de un afán de control, sino de una necesidad pastoral de expresar la fe compartida en el Dios Trino. Cada credo surgió de circunstancias históricas y eclesiales distintas, respondiendo a la confusión teológica, la preocupación pastoral y la necesidad de preservar la unidad ante la creciente diversidad dentro de la Iglesia primitiva. Estos credos eran la poesía de la fe de la Iglesia, respuestas cuidadosamente elaboradas al amor divino.

Incluso antes de los credos formales, había otro credo que latía en las primeras reuniones, una confesión que San Pablo podría estar citando en Gálatas 3:28: "Ya no hay judío ni griego... porque todos ustedes son uno en Cristo Jesús". Gálatas 3:28 desafió las jerarquías sociales imperantes al disolver las distinciones étnicas, sociales y de género en

Cristo. Redefinió la pertenencia no por la ciudadanía romana ni el orden patriarcal, sino por el bautismo en una comunidad radicalmente inclusiva moldeada por el amor liberador del Espíritu. Esta temprana confesión paulina proclamó una nueva identidad cimentada en la solidaridad divina y la igualdad eclesial. Proclamó la pertenencia, reformuló la identidad y cimentó la unidad en el amor de Dios.

La doctrina nunca tuvo como propósito dividir, sino unificar. Expresaba la realidad de un pueblo que se había convertido en una nueva creación, un Cuerpo vivo de Cristo, arraigado en la unidad del Dios Trino. John Wesley hizo eco de esto al llamar a la Iglesia "la nueva morada de Dios en el Espíritu", una frase fundamentada en sus *Notas* sobre Efesios 2:22, donde interpreta esto como el Espíritu formando a los creyentes en morada de Dios mediante la mutua inhabitación y el amor, donde enfatiza la presencia del Espíritu entre los fieles. Esta idea también se refleja en sus sermones, como "El Espíritu Católico" y "Cristianismo Bíblico", donde Wesley vincula la verdadera fe no a las formas institucionales, sino a una comunidad animada por el amor divino y la conversación santa. Para Wesley, la doctrina nunca estuvo separada de esta visión comunitaria y llena del Espíritu de la Iglesia. La doctrina, entonces, es el lenguaje del amor de la comunión, con Dios, con los demás y con toda la creación.

Los credos, en su máxima expresión, dicen: Hemos visto al Señor. Hemos conocido su amor. Este es nuestro testimonio. Se inclinan ante el misterio. Son las palabras de la Iglesia para lo inefable, formuladas en la adoración y la oración.

John Wesley valoraba los credos históricos, pero no como puertas de la ortodoxia que debían ser vigiladas. Su inclusión del Credo de los Apóstoles en el servicio dominical de los metodistas de 1784 demuestra cómo los entendía como instrumentos de devoción y formación, no como una forma de exclusión. Los veía como guías para la devoción. Incluyó el Credo de los Apóstoles en el culto metodista no como una prueba, sino como un medio de gracia. Para Wesley, los credos pertenecían al lenguaje de la oración y la vida santa.

Lo mismo ocurre con los himnos de Charles Wesley, que funcionan como credos líricos. Por ejemplo, en "Y puede ser", Wesley proclama: "Mis cadenas cayeron, mi corazón quedó libre, me levanté, salí y te seguí", una declaración de fe de liberación, justificación y discipulado en forma poética. "Y puede ser", "Amor divino" y "Ven, Jesús, tan esperado" son confesiones cantadas, poderosas no solo por su precisión doctrinal, sino por su anhelo doxológico.

Hablar de los credos de la Iglesia como confesión doxológica nos lleva naturalmente a una pregunta más profunda: ¿cómo sostiene, forma y transmite la Iglesia este lenguaje de amor a través de las generaciones? La respuesta es la doctrina, la gramática de la fe que define la pertenencia, forjada en la comunión y vivida en comunidad.

La doctrina como gramática de la pertenencia

Al considerar los credos como las primeras confesiones de amor de la Iglesia, surge naturalmente la pregunta: ¿cómo se aprende y se mantiene dicho lenguaje? La doctrina funciona como la gramática de esta fe, uniendo la identidad, la memoria y la comunidad en un lenguaje formado por el Espíritu. Recurrir a las voces teológicas que profundizan en esta visión puede ayudarnos a ver la doctrina no solo como gramática, sino como formación, imaginación y comunión.

Si la fe de la Iglesia, confesada en el Credo, es una poesía de amor, entonces, sin duda, las doctrinas de la fe de la Iglesia contienen la gramática de la pertenencia. No se trata de crear límites doctrinales por sí mismos, sino de crear espacio para la comunión, la conversación y la imaginación. La doctrina ofrece a la Iglesia una manera de expresar su vida en Dios, preservar su memoria y transmitir su fe con un lenguaje que invita en lugar de excluir.

Esta gramática no está desligada de la vida; se aprende a través de la pertenencia. La doctrina no es simplemente proposicional. Es relacional. No funciona simplemente para afirmar lo que es verdad, sino para formar un pueblo que viva verazmente en el amor. Por eso la doctrina se aprende en comunidad; se capta tanto como se enseña. La confesión doctrinal nunca es solo cognitiva, sino profundamente confiada; es un acto de confianza en Dios que se da a conocer en la relación, formando la imaginación moral y relacional de la Iglesia; moldea nuestra convivencia antes de definir nuestras creencias. Es relacional, participativa y arraigada en el culto y el testimonio de la comunidad. El objetivo no es el dominio, sino la participación. Conocer las doctrinas de la Iglesia no es simplemente recitarlas, sino sumergirse en su música, su movimiento, su significado.

Por eso la vitalidad doctrinal depende de la presencia del Espíritu. Cuando se pierde el espacio eclesial para el diálogo evolutivo en la fe y la imaginación, la doctrina se vuelve estática y restrictiva, y pronto empieza a sofocar la vida de fe llena del ánimus del amor. La doctrina que ya no respira ya no es fiel. Debe permanecer flexible, receptiva y arraigada en la comunión continua del Espíritu.

El teólogo George Lindbeck llamó a la doctrina un "marco cultural-lingüístico", contrastándola con los enfoques más proposicionales de la teología evangélica y el enfoque experiencial de la teología liberal. Su modelo enfatiza que la doctrina tiene menos que ver con enunciar verdades objetivas o expresar la experiencia interna, y más con habitar el lenguaje y las prácticas de una comunidad que forman un estilo de vida coherente, una especie de gramática por la cual la Iglesia aprende a hablar verazmente sobre Dios y fielmente sobre sí misma. En *La naturaleza de la doctrina*, Lindbeck contrasta tres modelos de doctrina: el modelo cognitivo-proposicional, que ve la doctrina como un conjunto de declaraciones de verdad universal; el modelo experiencial-expresivo, que ve la doctrina como la articulación simbólica de la experiencia religiosa interna; y el modelo cultural-lingüístico, que trata la doctrina como el lenguaje y la gramática comunales que forman un estilo de vida religioso. Este último modelo destaca cómo la doctrina funciona no principalmente para expresar proposiciones o sentimientos, sino para dar forma a la identidad comunal y la imaginación teológica dentro de una tradición viva. Como cualquier idioma, la doctrina se aprende en comunidad, mediante la liturgia, la Escritura, los sacramentos y el servicio. El objetivo no es simplemente conocer las palabras correctas, sino formarse en ellas, para que el amor hable a través del lenguaje compartido de la fe.

Este amor preserva la memoria sin volverse rígido. En este sentido, la doctrina no solo habla, sino que también capacita a la Iglesia para vivir en sus amores más profundos. Jaroslav Pelikan nos recordó que "la tradición es la fe viva de los muertos", mientras que "el tradicionalismo es la fe muerta de los vivos". La doctrina vive cuando respira, cuando se le permite hablar en nuevas lenguas y resonar con las experiencias de cada generación. La doctrina, en su sentido más auténtico, es tradición viva, fe que sigue hablando, que sigue respondiendo a la presencia del Espíritu en la Iglesia.

La doctrina nunca se trata solo de ideas. Se trata de identidad, memoria y relación. Nos dice quiénes somos, de quién somos y cómo debemos vivir. La Iglesia primitiva no desarrolló la doctrina de forma abstracta, sino que lo hizo para permanecer fiel al Dios que había llegado a conocer en Cristo y para preservar la unidad de amor que el Espíritu había creado entre ellos.

La doctrina, entonces, es la gramática del amor, que se expresa no solo sobre Dios, sino en Dios. Las formaciones doctrinales surgen de las profundidades contemplativas, no solo moldeando el lenguaje, sino también iluminando la trascendencia teológica del género, el poder y la identidad eclesial, desde la apertura orante al Espíritu, donde el deseo, el silencio y la comunión moldean el lenguaje fiel. La contemplación no es un retraimiento pasivo, sino una postura transformadora que genera claridad teológica y comprensión doctrinal. Desde esta perspectiva, la oración se convierte en el crisol donde el lenguaje sobre Dios se purifica, moldea y sostiene. Nos introduce en el ritmo de la Trinidad, una comunión divina de entrega y recepción mutuas. Y como insistió John Wesley, la doctrina correcta no se trata de especulación, sino de transformación. Su propósito es renovar nuestras mentes, moldear nuestros corazones y capacitarnos para vivir vidas santas, marcadas por el amor.

Por eso, para Wesley, la prueba de la doctrina siempre fue su fruto en la vida del creyente y de la comunidad. Si no edificaba ni santificaba, debía ser reexaminada. El amor era la medida.

Al mismo tiempo, Wesley comprendió los riesgos. La doctrina se vuelve peligrosa cuando se separa de la comunidad, se desvincula del amor y se utiliza como herramienta de exclusión. Pero cuando la doctrina se arraiga en la oración, la alabanza y la vida sacramental, se convierte en un lenguaje que nos acerca más a Dios y a los demás.

Confesar la doctrina, entonces, no es simplemente declarar lo que creemos, es sumarnos al discurso compartido de la Iglesia. Es decir: esto es lo que somos. Así vivimos en amor y establecemos nuestra pertenencia.

El dogma y el riesgo del control

El dogma es la fe confesada de la Iglesia, la expresión firme de sus convicciones más profundas sobre el amor de Dios y la forma de la salvación. Pero cuando el dogma se confunde con una herramienta de control en lugar de un testimonio de amor, se vuelve frágil y peligroso.

La regla de fe precedió y moldeó la formación del canon de las Escrituras por parte de la Iglesia, enfatizando que fue la experiencia vivida por la Iglesia primitiva de Cristo resucitado la que generó la autoridad del canon, y no a la inversa. Esta identidad previa en la fe y fidelidad de Cristo es esencial para cualquier lectura e interpretación fiel de las Escrituras. El Espíritu es la fuente de la regla de fe de la Iglesia, que precede tanto a los Credos como a las Sagradas Escrituras. Cuando la Iglesia olvida esto y comienza a utilizar estos dones como instrumentos de preservación institucional en lugar de como instrumentos de comunión divina, deja de ser una fiel administradora de la gracia.

La historia ofrece recordatorios aleccionadores: desde la Inquisición hasta las justificaciones teológicas de la conquista colonial y la esclavización de los pueblos indígenas en doctrinas como la "Doctrina del Descubrimiento". El dogma se ha utilizado indebidamente para preservar el poder en lugar de servir al amor. Y cuando esto sucede, los sacramentos sufren. Cuando las barreras doctrinales se convierten en herramientas de exclusión, la pila bautismal se convierte en una puerta en lugar de una bienvenida, la mesa, en una barrera en lugar de un festín. La exclusión de las mujeres y los laicos de la voz y el liderazgo teológicos revela cómo el mal uso del dogma socava los dones del Espíritu para todo el Cuerpo.

Sin embargo, incluso aquí, la gracia nos llama a avanzar. La esencia de la fe es el amor, el amor de Dios. No afirmaciones abstractas de verdad ni ideas conceptuales sobre Dios, sino el amor infinito y vulnerable que es Dios. Esto significa que la fe que nos da la energía del amor siempre se desarrolla y se expande; la Verdad es el amor infinito y vulnerable que es Dios. A medida que crecemos en comunión con Dios, nuestras expresiones de fe también deben crecer y expandirse. ¿Cómo no hacerlo cuando nuestra fe está llena de la energía del amor infinito y vulnerable de Dios?

El modelo de tres patas de Richard Hooker, frecuentemente citado: Escritura, Razón y Tradición, describe una jerarquía estructurada que fundamenta y desarrolla la doctrina de la Iglesia a lo largo del tiempo. Para Hooker, la Escritura tiene la autoridad primordial; la razón, iluminada por la gracia, sirve para interpretarla; y la tradición, como memoria común de la Iglesia, es moldeada y corregida por ambas. Este modelo sostuvo la integridad del testimonio teológico de la Iglesia a lo largo de las generaciones. Sin embargo, es crucial recordar que antes de que existiera un canon de la Escritura o un Credo de la Iglesia, existía la experiencia de Cristo resucitado, un encuentro con el amor infinito y cruciforme de Dios. Es este encuentro, inspirado por el Espíritu, el que dio origen tanto a la fe como a la gramática del amor de la Iglesia. John Wesley, heredando el marco anglicano de Hooker, afirmó esta estructura, pero añadió la experiencia como una dimensión vital, no para privilegiar la subjetividad individual o privada, sino para subrayar que la doctrina surge de la obra continua del Espíritu en el encuentro vivido. En la visión de Wesley, la teología no comienza con principios abstractos, sino con la presencia transformadora del Dios Trino, que debe ser conocido, amado y adorado.

Sin embargo, a medida que la Ilustración ponía cada vez más énfasis en la racionalidad dentro de la Iglesia de

Inglaterra, doctrinas como la Trinidad a menudo se dejaban de lado, considerándose más como enigmas intelectuales que como invitaciones a la vida divina. Fue precisamente contra esta tendencia racionalista que William J. Abraham ofreció su conocida crítica del Cuadrilátero Wesleyano, popularizada por Albert C. Outler. Y, en respuesta, propuso el "teísmo canónico", un marco teológico basado no en criterios abstractos, sino en las prácticas vividas y las estructuras de autoridad de la Iglesia histórica.

Abraham advirtió que cuando la Escritura, la Tradición, la Razón y la Experiencia se tratan como fuentes independientes o criterios de verdad, fomentan la arrogancia teológica y diluyen la primacía de la revelación divina. En cambio, argumentó Abraham, estas cuatro se entienden mejor como medios de gracia, canales a través de los cuales el Espíritu lleva a la Iglesia a la comunión con el Dios vivo. Carecen de autoridad autónoma; su importancia surge solo en la medida en que son vivificadas por el Espíritu. Desde esta perspectiva, la doctrina, moldeada con humildad y cimentada en el amor, se convierte no en un sistema de control, sino en una invitación participativa al futuro de Dios. La verdadera autoridad de la Iglesia no es el cuadrilátero en sí, sino Dios que habla a través de él, y cuya Palabra final, como atestigua la Escritura, es Amor (1 Juan 4:8).

Cuando la doctrina se congela, se convierte en un ídolo. Pero cuando respira con el Espíritu, se convierte en un manantial: forma la fe, profundiza la comunión y guía a la Iglesia en el amor. Incluso nuestras formulaciones más preciadas deben ser sostenidas con las manos abiertas, siempre sujetas a la obra purificadora del amor del Espíritu. El conservadurismo puede preservar el valor, pero cuando rechaza el riesgo, revela falta de fe. La fe vive del desapego y la escucha renovada.

El dogma no muere cuando se examina con amor; muere cuando se le trata como intocable porque presume de estar seguro de su fe y olvida que solo el Espíritu sustenta la doctrina como verdad viva en la comunión. La Iglesia debe recordar: los Credos no son fines en sí mismos. Son ecos de la Palabra, signos sacramentales que apuntan más allá de sí mismos, como afirmó Wesley en su uso devocional y como los Padres de la Iglesia practicaron a menudo en su formulación doxológica. La Palabra nunca puede ser contenida ni agotada. El Espíritu sigue hablando.

Pero el dogma no tiene por qué convertirse en un peso muerto. Cuando se sostiene correctamente, regresa a su origen con admiración. El objetivo de toda doctrina, después de todo, no es dominar la verdad, sino adorar al Dios que es Amor. Ahora nos sentimos atraídos al propósito más profundo de la doctrina: la alabanza.

La doctrina como doxología

Si la doctrina es el lenguaje de la fe de la Iglesia, debe retornar a su fuente más profunda: la alabanza. Todo discurso verdadero sobre Dios debe, en última instancia, convertirse en doxología.

La doctrina nunca es solo una definición. En su máxima expresión, es devoción hecha inteligible. Es teología que se transforma en oración, reflexión que da paso a la adoración. Los himnos de Charles Wesley son confesiones musicalizadas, credos líricos destinados a ser recordados en el corazón.

Para John Wesley, la doctrina no era solo lo que la Iglesia creía, sino cómo la Iglesia creía. Si la doctrina no conduce a la adoración, algo falta. La doctrina se convierte en doxología cuando pasa de ser algo que defendemos a algo en lo que nos deleitamos, no porque poseamos la verdad, sino porque hemos sido poseídos por la Verdad que es Amor.

Cuando la doctrina olvida sus raíces doxológicas, se vuelve defensiva y seca. La verdadera claridad doctrinal surge no de la certeza polémica, sino de la apertura contemplativa, una postura especialmente vital en una época de polarización doctrinal, donde la atención orante puede abrir caminos hacia la comunión en lugar de la división; una profundidad de atención orante que incorpora la apófisis y la vulnerabilidad de género como elementos centrales de la tarea teológica; el tipo de atención amorosa en la oración que moldea el alma antes de moldear la oración. Pero cuando recuerda su fuente, se convierte en un medio de gracia, ayudándonos a identificar al Dios que aún habla.

La doctrina es oración. Es la oración de confianza, larga e ininterrumpida, de la Iglesia, entretejida en su liturgia diaria, expresada en sus credos y sostenida por el Espíritu a través de siglos de alabanza. Cada vez que decimos "Creo", entramos en una relación. Unimos nuestras voces a las de la Iglesia de todos los tiempos para adorar al Dios que nos amó primero.

Por eso la forma trinitaria de la fe wesleyana es tan importante: arraiga la doctrina en la humildad y la alabanza, recordándonos que todo el lenguaje teológico fluye del amor mutuo del Padre, el Hijo y el Espíritu. Todo proviene del Padre, se revela en el Hijo y es derramado en nuestros corazones por el Espíritu. Este es el círculo eterno de amor que anima la doctrina.

La prueba final de la doctrina no es si es sistemática, sino si nos ayuda a amar. ¿Trae alegría? ¿Humildad? ¿Asombro? ¿Aún puede cantar?

La doctrina no es un muro, es una ventana. No es una jaula, sino una vela. Como enseñó John Wesley, la doctrina es un medio de gracia, una vía por la cual la luz del amor de Dios brilla en nuestras vidas, invitándonos no a la contención, sino a la comunión. Refleja la Luz del mundo. Cuando nos lleva a alabar, a llorar, a arrodillarnos, ha cumplido su propósito.

Y, sin embargo, la Iglesia no vive solo de memoria. Así como la doxología eleva la mirada hacia la promesa, también la doctrina fiel debe inclinarse hacia la esperanza. ¿Cuál es, entonces, el futuro de la doctrina? ¿Qué clase de discurso fiel servirá al mundo venidero?

Fe y doctrina en el futuro de la Iglesia

El Espíritu de Dios siempre guía a la Iglesia hacia adelante, no alejándola de sus cimientos, sino adentrándose en ellos. Como la creación que gime por la redención en Romanos 8, o la Nueva Jerusalén que desciende en Apocalipsis 21, la Iglesia avanza hacia el futuro prometido por Dios no retirándose de sus raíces, sino adentrándose en ellas con una esperanzada expectativa. La doctrina, cuando es fiel, se convierte en el eco de este impulso hacia adelante, un testimonio del Espíritu que renueva todas las cosas. La doctrina fiel siempre participa en este movimiento hacia adelante del gemido de la creación y la promesa de la Nueva Creación.

Jürgen Moltmann, el reconocido autor de *Una teología de la esperanza,* nos recuerda que "el cristianismo es escatología" y que la doctrina que se resiste al cambio fracasa no simplemente porque es falsa, sino fundamentalmente porque olvida que la verdad cristiana está impulsada por las brisas sustentadoras de la esperanza.

Al mirar hacia el futuro, debemos preguntarnos: ¿Qué tipo de doctrina hablará a un mundo herido? Un mundo marcado por el colapso ecológico, la división racial, la desigualdad económica y la desilusión espiritual clama no por abstracciones, sino por la verdad encarnada. Las teologías de la exclusión, el triunfalismo o el racionalismo frío no pueden sanar tales heridas. Lo que se necesita es una doctrina que se incline en amor, hable con lamento y esperanza, y dé testimonio de Cristo crucificado y resucitado, cuyas heridas ahora irradian gloria. ¿Puede nuestra teología aún inspirar confianza, despertar alegría y proclamar pertenencia?

Por el poder del Espíritu, la respuesta es sí.

Sí, porque los credos nacieron del amor, y ese amor sigue hablando. Sí, porque el fuego que encendió nuestras doctrinas no se ha apagado. Sí, porque el Espíritu que formó a la Iglesia sigue guiándola.

El futuro de la doctrina pertenece a quienes reciben el pasado como don y promesa, no como una reliquia que preservar, sino como una semilla viva que cultivar. Esta resonancia abre espacio para nuevas formas de doctrina moldeadas por la presencia del Espíritu en lugares inesperados, una teología ecológica que escucha el gemido de la creación, un diálogo interreligioso que honra el anhelo mutuo de verdad, liturgias digitales que llevan la alabanza a través de nuevas fronteras. El futuro de la doctrina se expresará en múltiples idiomas y será transmitido por comunidades que se atreven a creer que el amor siempre tiene más que decir. La tradición vive no como repetición, sino como resonancia.

Geoffrey Wainwright dijo una vez que "la teología, para ser sólida, debe cantar", lo que refleja su convicción de que la adoración y la visión escatológica no son opcionales, sino centrales para la vitalidad y la solidez de la doctrina. La doctrina debe unirse al canto eterno de la Iglesia, una doxología que anticipa la plenitud del amor aún por venir.

John Wesley enseñó que la Iglesia debe avanzar siempre hacia la perfección, no solo como una aspiración personal, sino como un llamado comunitario, moldeado por prácticas compartidas de gracia y amor, no con orgullo, sino con amor. Imaginó un pueblo cuya doctrina fuera santa, cuyos corazones estuvieran encendidos, cuyas vidas fueran liturgias de gracia.

Así pues, volvemos al Espíritu y a la Palabra. La Iglesia existe no como una institución que custodia la verdad, sino como comunión en el Espíritu, un anticipo de la vida escatológica donde la doctrina resuena con la libertad del amor divino. A una Iglesia reunida en oración, inflamada de afecto divino, que aún aprende a expresar lo que el amor ha revelado. Regresamos a la doctrina como un lenguaje nacido del Espíritu, de esperanza y santo deseo.

Y así canta la Iglesia:

Creemos en el Amor hecho carne,
Quien habló en el fuego y aún susurra en las llamas.
Creemos en el Espíritu, siempre nuevo,
Insuflar viejas verdades en lenguas futuras y verdades futuras en lenguas antiguas.
Creemos en la Iglesia, gramática viviente de la gracia de Dios,
Todavía hablando, todavía convirtiéndose,
Todavía resuena el eco de la alegría del mundo venidero.

El futuro de la doctrina no es un sistema de control, sino un canto de fe, una melodía de esperanza que se proyecta hacia el futuro venidero de Dios. No se limita a la preservación, sino que se compone con anticipación, moldeada por Cristo resucitado, cuyo triunfo sobre la muerte nos asegura que el amor tendrá la última palabra; un canto impulsado por el Espíritu, que resuena hacia la renovación de todas las cosas, una Iglesia que encarna la doctrina como su confesión viva de fe.

A medida que la Iglesia avanza en el mundo, la gramática de la doctrina debe encarnarse en el testimonio del amor.

Y así, la Iglesia espera: no en la nostalgia, sino en la Nueva Creación. no en la maestría, sino en la misericordia. no en la certeza, sino en la comunión. Creemos que el Amor infinito y vulnerable que es Dios sobrevivirá a la tumba, que el Espíritu nos enseñará a cantar de nuevo, y que la doctrina, como el aliento, se elevará con alegría en cada lengua, hacia la Luz del mañana de Dios.

Capítulo tres
Doctrina encarnada
La Iglesia como confesión viva de fe

De la Comunión al Credo

La doctrina surge de la vida compartida del amor, no como su precondición, sino como su expresión, desafiando cualquier explicación que la considere un conjunto de proposiciones previas. Es el amor el que precede y genera la necesidad de articulación. En este sentido, la doctrina no es una puerta de entrada a la pertenencia, sino el lenguaje que nace de ella, un lenguaje forjado en la comunión, no en la abstracción. La doctrina es un testimonio vivo de la fe y la fidelidad de Cristo, expresada a través de las prácticas comunitarias de la Iglesia y sostenida en sus hábitos de gracia.

No hablamos para pertenecer. Hablamos porque ya pertenecemos. En la economía del amor de Dios, la comunión precede a la confesión. El fuego del amor divino desciende no como recompensa por la fe correcta, como Pentecostés revela tan vívidamente, sino como la presencia generadora que crea la posibilidad misma de la fe. Desde esta santa comunión, *koinonía*, nos unimos, nos despierta y nos congregamos en la vida compartida de Dios. Y solo entonces, cuando el amor se arraiga en nosotros, necesitamos el lenguaje para expresar lo que ya se ha hecho realidad.

Este es el verdadero orden del conocimiento y el amor en la Iglesia: de la comunión a la fe, de la pertenencia a la creencia, de la comunión al credo, una secuencia que encarna la lógica misma del título de este capítulo, "Doctrina Encarnada". Afirma que la confesión doctrinal de la Iglesia no es primero un asentimiento intelectual, sino una respuesta vivida a la gracia ya recibida y compartida. La gran tentación del cristianismo institucional siempre ha sido invertir este flujo, insistir en que la confesión debe ser lo primero, que la doctrina correcta es la clave para la pertenencia. Pero no es así como se formó la Iglesia primitiva. Ni es así como obra el Espíritu.

Los primeros credos no fueron concebidos como instrumentos de control, sino como respuestas a la gracia, y siguen ofreciendo a la Iglesia un modelo de testimonio doctrinal basado en la comunión vivida y sostenido por el Espíritu, una confesión viva que la Iglesia debe encarnar aún hoy, formada en la vida de un pueblo que se encontró con Cristo resucitado. Surgieron de comunidades que adoraban, oraban y sufrían, bautizadas en agua, fuego y Espíritu. La regla de fe, tal como circuló en los siglos II y III, se transmitió no mediante debates sistemáticos, sino a través de la vida litúrgica y la misión de la Iglesia. La tradición ortodoxa se forjó no solo en la polémica, sino en la memoria vivida de personas devotas que conocieron la verdad del Evangelio porque habían experimentado su amor. Este es el modelo de verdad que sigue la lógica salvífica del Evangelio, el modelo por el cual el amor precede al conocimiento, la gracia precede a la formulación y la doctrina fluye de la obra transformadora del Espíritu en la vida de la Iglesia.

La formación doctrinal cristiana primitiva se daba mediante ritos bautismales, catequesis y plegarias eucarísticas, en lugar de fórmulas impuestas. De esta manera, los credos no creaban la unidad de la Iglesia, sino que la nombraban. La Iglesia ya estaba unida por el Espíritu, que infundía el amor de Dios en sus corazones. Y con el tiempo, el pueblo de Dios comenzó a hablar: Confesamos en los Credos que "Creemos en un solo Dios...", no para establecer una fórmula de aceptación y pertenencia, sino para expresar el amor que ya ardía entre ellos.

El Credo de los Apóstoles, el Credo Niceno e incluso las primeras confesiones bautismales surgieron de esta comunión trinitaria, impregnada de amor. Los primeros credos cristianos surgieron orgánicamente como formas de moldear la memoria y sostener la unidad, no para sustituir el misterio por el control, sino para preservarla en un lenguaje compartido. Los credos dieron voz a una comunión ya viva de gracia. El verdadero contagio fue la comunión y la comunión con Dios y entre sí, y el lenguaje de la fe expresado en sus doctrinas y credos se forjó para mantener viva la llama del amor unitivo en esas amistades con Dios y entre sí, para la vida del mundo.

Esta dinámica de amistad y pertenencia encuentra una de sus expresiones más tempranas y poderosas en la afirmación de Ireneo de que la gloria de Dios es el ser humano plenamente vivo en comunión con Dios en lo que quizás sea el credo cristiano más antiguo: "Ya no hay judío ni griego, esclavo ni libre, hombre ni mujer; porque todos sois uno en Cristo Jesús" (Gal. 3:28). En esencia, esta no es una proposición metafísica, sino una confesión de pertenencia radical. Hace eco de la oración del Gran Sumo Sacerdote por la unidad del pueblo de Dios (Jn. 17), revelando que el credo cristiano más antiguo ya estaba moldeado por la comunión y arraigado en la oración. Tal confesión surge no de una especulación abstracta, sino de la experiencia vivida del Espíritu derramado sobre toda carne. Es la voz de una Iglesia despertada a una nueva realidad, la unidad de todas las cosas en Cristo, incluso en medio de la diferencia radical. De este modo, el primer testimonio doctrinal de la Iglesia no es un sistema de ideas, sino una proclamación de amor inspirada por el Espíritu: todos pertenecen, todos son uno, todos se mantienen unidos en la vida reconciliadora de Cristo.

Invertir esto, exigir el credo antes de la comunión, es violar la lógica misma de la gracia. Es tratar el amor como algo condicional y la pertenencia como algo transaccional. Pero la Iglesia nace en Pentecostés, no en Nicea. Es el fuego del Espíritu, no la precisión de nuestras formulaciones, lo que reúne al pueblo de Dios y da a luz la fe.

La tradición solo vive cuando permanece fiel a su origen, no como simple memoria, sino como encarnación. Debemos distinguir cuidadosamente entre la tradición que da vida y el tradicionalismo que la apaga. Una tradición viva se convierte en lo que Jaroslav Pelikan llama "la fe viva de los muertos" cuando se reaviva continuamente en el fuego del amor. Debemos adoptar una tercera imagen: la tradición como icono, una ventana al misterio de Dios. En este sentido, la tradición de la Iglesia no es simplemente una memoria de la doctrina, sino un medio vivo de gracia, un instrumento a través del cual los fieles encuentran el misterio de Cristo en el poder del Espíritu. Esto refuerza la afirmación del capítulo de que la doctrina, al igual que la tradición, debe nacer en la comunión y ser moldeada por la obra continua del Espíritu en la vida de la Iglesia. Este tipo de tradición comienza en la comunión y siempre desborda en doxología.

Por eso John Wesley insistió en la prioridad ontológica del amor en todas las cosas. Para Wesley, el Espíritu Santo es el agente divino que despierta, nutre y perfecciona el amor en el creyente y en la Iglesia. Su pneumatología se centra en la presencia transformadora del Espíritu, que empodera a los fieles para encarnar el amor de Dios mediante actos concretos de gracia, santidad y comunión. Este amor, moldeado por el Espíritu, no es periférico a la doctrina, sino su esencia. Su famosa frase, "si tu corazón es como el mío, dame tu mano", no fue un rechazo de la doctrina, sino un reconocimiento de que la creencia correcta solo es correcta cuando fluye del amor correcto. La doctrina de Wesley siempre fue relacional, siempre situada en la vida de la Iglesia. La creencia importaba, pero solo como una manera de profundizar la comunión que Dios ya había comenzado.

En la concepción wesleyana, entonces, la doctrina nunca debe sobrepasar a la gracia. La Iglesia no confiesa la fe para crear unidad. La Iglesia confiesa porque ya participa de la vida del Dios Trino, el Dios que es comunión, y cuyo amor es el fuego del cual debe emanar todo credo.

La doctrina en la práctica
Los medios de la gracia

La doctrina vive cuando se practica al ritmo de la gracia y la comunión de la Iglesia, cuando se encarna como la confesión viva de la Iglesia, formada no solo en palabras, sino en prácticas compartidas de amor y comunión. De esta manera, la doctrina se convierte en la forma en que la Iglesia da testimonio de la gracia ya recibida; se encarna como la vocación de la Iglesia de ser el testimonio encarnado de la fidelidad del amor de Cristo.

La doctrina no es solo algo que la Iglesia cree, sino algo que la Iglesia hace. Esta práctica encarnada de la doctrina refuerza la afirmación central del capítulo: que la doctrina no reside en la abstracción, sino en la fiel representación de la vida compartida de la Iglesia. Se vive, se respira, se ora y se practica en la vida del cuerpo. Las verdades que la Iglesia confiesa no están suspendidas en la abstracción; se fundamentan en el culto, se sostienen en la oración, se encarnan en los sacramentos y se llevan a cabo en el servicio. La doctrina es más fiel cuando participa de la misma vida que proclama: la vida trinitaria de Dios derramada en amor.

Por eso, John Wesley situó el núcleo de la teología no en la especulación escolástica, sino en lo que él llamó los medios de gracia. Para Wesley, estos medios no eran simplemente ejercicios devocionales, sino encuentros llenos del Espíritu que moldeaban la vida y el testimonio de la Iglesia. Mediante la presencia activa del Espíritu, estas prácticas se convirtieron en instrumentos de santificación y formación comunitaria, encarnando la gramática del amor divino en acción y moldeando la vida doctrinal de la Iglesia mediante el encuentro vivido, la gracia compartida y la fe receptiva, moldeando tanto la doctrina que la Iglesia proclamaba como el amor que encarnaba. Estos eran los canales ordinarios a través de los cuales se recibe, se responde y se devuelve el amor de Dios en la oración, la investigación de las Escrituras, la Cena del Señor, el ayuno, las conferencias cristianas y las obras de misericordia. La doctrina, para Wesley, no era una teoría para debatir, sino una gracia para encontrar. Si no se podía orar, cantar o vivir con amor, necesitaba ser reformada.

De esta manera, la enseñanza de la Iglesia es inseparable de su práctica. Proclamar que Cristo ha resucitado es reunirse en la Mesa. Confesar la Trinidad es vivir en comunión, bautizar en el nombre del Padre, del Hijo y del Espíritu, bendecir y ser bendecidos en la relación. La doctrina se materializa como práctica doctrinal cada vez que perdonamos como hemos sido perdonados, o llevamos las cargas de los demás, una visión compartida por Agustín, quien escribió que "la fe obra por el amor" (Gal 5,6), recordándonos que la doctrina, bien vivida, siempre se expresa en actos de caridad y reconciliación. Se realiza en la doxología. Se encarna en la misión.

Como William J. Abraham ha enfatizado en su recuperación del patrimonio canónico de la Iglesia, los medios de gracia no son periféricos a la teología, sino su fuente y estructura. El canon no es solo la Escritura, sino la vida sacramental, litúrgica, comunitaria y espiritual de la Iglesia, a través de la cual Cristo se hace presente. La doctrina surge de esta vida y debe retornar a ella.

La tradición wesleyana encarna esta visión integradora al demostrar que la doctrina no se enseña simplemente, sino que se practica, encarnada en la confesión vivida de la fidelidad de Cristo por parte de la Iglesia mediante una comunidad guiada por el Espíritu, la vida sacramental y las obras de misericordia. De este modo, ofrece una corrección a las tendencias modernas que reducen la doctrina a sistemas abstractos o creencias privadas. En cambio, sitúa la doctrina dentro de las prácticas guiadas por el Espíritu de una vida comunitaria moldeada por la gracia, mostrando que la verdad teológica debe ser encarnada, relacional y transformadora. Su teología no se trata solo de la gracia, sino de la gracia en movimiento. La Iglesia se reúne no solo para afirmar ideas, sino para ser moldeada por el amor, para ser arrastrada una y otra vez al ritmo de la entrega de Dios. Wesley creía que todos los mandamientos de Dios están revestidos de las promesas de Dios; también lo están las doctrinas de la Iglesia cuando encarnan la fe de Cristo, llena de la energía del amor de Dios. Cada uno es una invitación a la gracia, una llamada a la comunión, un llamado a caminar en el amor.

Cuando la doctrina se desconecta de estas prácticas, se vuelve rígida y frágil. Pero cuando fluye en la vida de la Iglesia, a través de la Eucaristía y el canto, la Escritura y el servicio, la reconciliación y la oración, se convierte en un fuego que nos forma y nos reforma. Se convierte en lo que siempre estuvo destinado a ser: un medio de gracia, una expresión encarnada de la confesión viva de la Iglesia, moldeada por el amor y sostenida por el Espíritu.

Desde esta perspectiva, podríamos decir que la doctrina no es una conclusión, sino una consagración, una expresión encarnada de la identidad de la Iglesia como confesión viva de la fe y la fidelidad de Cristo. Distingue no solo verdades, sino vidas. Marca al pueblo de Dios como una comunidad llamada no solo a creer en el amor, sino a practicarlo, hasta que cada acto de culto, cada compartir del pan, cada obra de misericordia se convierta en sí misma en una confesión: Cristo ha resucitado. El Espíritu está aquí. Y Dios es amor.

Formación a través de hábitos de fe

La doctrina se vuelve duradera cuando se moldea al ritmo de la gracia y se aprende en la vida de la Iglesia, cuando se encarna en la práctica, se nutre en el culto y se vive en comunión. Esta durabilidad no surge de la rigidez, sino de estar arraigada en la gracia y sostenida por la vida en comunidad de la Iglesia.

La doctrina no nos forma a todos a la vez. Se arraiga en la repetición, la relación y la práctica fiel, realidades encarnadas mediante las cuales la Iglesia se convierte en la confesión viva de la fe y la fidelidad de Cristo. Por eso, la Iglesia siempre ha sido más que una comunidad confesante; es una escuela de amor, un cuerpo en formación. En la tradición wesleyana, la doctrina no se impone como una fórmula fija, sino que se cultiva en los hábitos de fe, a diferencia de las tradiciones que priorizan el asentimiento intelectual como medida de la ortodoxia. El enfoque de Wesley ofrece una corrección: la doctrina se forma no por coerción, sino mediante prácticas de gracia compartida, donde la creencia se moldea dentro de relaciones de confianza, oración y amor que surgen a través de la oración, la alabanza y el discipulado compartidos.

John Wesley lo comprendió claramente. Su modelo de formación cristiana, a través de reuniones de clase, reuniones de banda y sociedades, se basaba en la convicción de que la fe debe cultivarse en comunidad. La fe crece en la proximidad con los demás, donde aprendemos a orar juntos, arrepentirnos juntos, a llevar las cargas de los demás y a regocijarnos en la gracia. En estos espacios, la doctrina no se trata primero de dominio intelectual; se trata de confianza compartida. Y es esta confianza la que da origen al lenguaje.

Aquí los himnos de Charles Wesley cobran especial fuerza. No eran simplemente poesía inspiradora, sino confesión teológica. En el canto, el pueblo de Dios recibía la doctrina no como una abstracción árida, sino como una realidad vivida. Cantaban hasta la fe. Al resonar los himnos de Wesley en santuarios y reuniones de clase, moldeaban corazones y mentes por igual. La teología que transmitían nacía de la oración y retornaba a la alabanza, un ritmo doxológico que hacía que su doctrina fuera no solo formativa, sino transformadora en la vida de la Iglesia.

Los primeros Padres de la Iglesia conocían bien este ritmo. Atanasio, por ejemplo, proclamó la encarnación como el medio por el cual la humanidad es atraída a la vida de Dios, mientras que las conferencias catequéticas de Cirilo de Jerusalén entrelazaron la instrucción doctrinal con la participación litúrgica y sacramental, encarnando ambas la doctrina como formación a través del culto y la relación. La teología patrística nunca fue un ejercicio distante de especulación. Siempre fue un acto de reverencia. Sus doctrinas a menudo se forjaron en medio de la oración, la persecución y la Eucaristía. Hablaban de la Trinidad no como un rompecabezas filosófico, sino como el nombre del Dios que adoraban, encontraban y veneraban.

La doctrina, desde esta perspectiva, no es mera información, sino formación en la gramática del amor, una formación de vida y comunidad en el lenguaje que encarna la fidelidad de Cristo. Es catequesis por la comunión, teología por la confianza, memoria moldeada en el amor. La Iglesia no se limita a transmitir ideas; transmite un estilo de vida. Mediante hábitos diarios de oración, obras de misericordia, discernimiento comunitario y culto sacramental, el pueblo de Dios se forma en la fe y se transforma por la gracia. Como explicó Vladimir Lossky: "Por la gracia de Dios, nos convertimos en lo que Dios es por naturaleza".

Wesley creía claramente que la gracia y la sabiduría que se encuentran en los medios de gracia eran la presencia morante de Dios. Atanasio, por ejemplo, proclamó la encarnación como el medio por el cual la humanidad es atraída a la vida de Dios, mientras que las conferencias catequéticas de Cirilo de Jerusalén entrelazaron la instrucción doctrinal con la participación litúrgica y sacramental, incorporando ambas la doctrina como formación a través del culto y la relación. Participar en estos medios de gracia es participar de Dios. Al usar estos medios de gracia, nos volvemos tan amorosos por la gracia de Dios como Dios es amoroso por naturaleza. Practicar los medios de gracia es practicar el amor que es Dios.

Por eso Wesley insistió en que los medios de gracia deben practicarse con constancia y alegría, no para ganarse el favor de Dios, sino para permanecer abiertos a él. A medida que la fe se convierte en hábito, y el hábito en carácter, la Iglesia se convierte en lo que cree. No se forma en el aislamiento, sino mediante la repetición compartida, las oraciones en la misma mesa, los himnos cantados en armonía, el pan partido en la bendición. Así es como la fe se hace carne.

En esta vida comunitaria, la doctrina se aprende no solo oyendo, sino practicando. Mediante estos actos de fe encarnados, la Iglesia se revela como la confesión viva de la fe y la fidelidad de Cristo. Se aprende cuando perdonamos, cuando confesamos, cuando bendecimos y somos bendecidos. Se expresa en nuestra forma de actuar, en nuestra memoria, en nuestra esperanza. Esta es la obra lenta y fiel del Espíritu de Dios para que dominemos el lenguaje del amor, hasta que la doctrina se convierta no solo en algo que profesamos, sino en algo que encarnamos.

Corrigiendo a través de la comunión

La doctrina se preserva no mediante la rigidez sino mediante la relación, corregida fielmente a través del amor.

La doctrina no es estática. No es un fósil del pasado, sino un fuego que aún arde en el presente, un fuego que evoca la llama de Pentecostés, encendida por el Espíritu, que continúa encendiendo la fe de la Iglesia e iluminando su camino mediante la comunión, el amor y la adoración. Un fuego sostenido y cuidado mediante la vida comunitaria, el culto y las prácticas compartidas de la gracia en la Iglesia. De esta manera, la doctrina sigue siendo una llama viva que ilumina y transforma a la Iglesia como la confesión encarnada de la fidelidad de Cristo. Y como cualquier fuego vivo, debe ser cuidado. Esto significa que la doctrina debe ser corregida. Pero la corrección en la Iglesia no se logra mediante la coerción ni el control. Se logra mediante la comunión.

Desde los inicios de la Iglesia, la teología se forjó en conversaciones, concilios y sínodos, cartas y confesiones, lágrimas y oración. Incluso la herejía, como señaló HEW Turner, contribuye a clarificar la ortodoxia, no solo mediante la exclusión, sino mediante un discernimiento más profundo. Cuando se sostiene con amor, el desacuerdo se convierte en un medio de gracia. Estas son como "ortodoxias silenciosas": verdades tácitas u ocultas que se eclipsan por nuestra incapacidad de ver desde una perspectiva más amplia de amor. Sin embargo, a lo largo de la historia, la Iglesia ha redescubierto estas verdades cuando el Espíritu nos abre los ojos de nuevo, ya sea al reclamar la dignidad de la mujer, al afirmar la unidad de todos los creyentes a través de las divisiones raciales y culturales, o al renovar la centralidad de la gracia sobre el legalismo. Estos momentos demuestran que las verdades olvidadas o eclipsadas pueden recuperarse cuando se prioriza la comunión sobre el control. Estas "ortodoxias silenciosas" tienen el potencial de mostrarnos dónde se encuentran las "herejías del amor" en nuestras doctrinas. La Iglesia corrige su doctrina no para ganar discusiones, sino para dar testimonio más fiel del amor de Dios.

Las herejías son como "ortodoxias silenciosas" que pueden mostrarnos dónde se encuentran las "herejías del amor" en nuestras doctrinas, esas distorsiones de la enseñanza que, si bien quizás doctrinalmente precisas, no reflejan ni nutren el amor radical que es la esencia del Evangelio. Las ortodoxias silenciosas del amor son lugares donde la verdad se ha separado de la gracia, y donde la comunión debe devolver la doctrina a su centro, en el amor abnegado de Cristo. La Iglesia corrige su doctrina no para ganar discusiones, sino para dar un testimonio más fiel del amor de Dios.

John Wesley comprendió que la doctrina debe ser probada por sus frutos. Su pregunta no se limitaba a: "¿Es verdadera?", sino a: "¿Conduce a la santidad? ¿Aumenta el amor?". Si alguna enseñanza perjudicaba la comunión u oscurecía la gracia, necesitaba una reforma. La doctrina de Wesley estaba moldeada por el amor, no encerrada en la polémica. Sus conferencias y sociedades eran lugares de corrección mutua, espacios de escucha sagrada donde la confianza permitía que la verdad aflorara.

Esta es la característica de la tradición viva: no consagra el pasado, sino que se involucra con él, permitiendo a la Iglesia seguir encarnando la doctrina como su confesión continua del amor fiel de Cristo en el presente. Escucha las voces de los fieles, del pasado y del presente, y pregunta qué exige el amor hoy. La tradición solo vive cuando permanece receptiva al Espíritu. Cuando la doctrina deja de crecer en el conocimiento del amor, deja de servir y perjudica al Cuerpo.

Por eso, los debates doctrinales en la Iglesia deben fundamentarse en la doxología y la humildad. La Iglesia primitiva ejemplificó esto en el Concilio de Jerusalén (Hechos 15), donde los líderes discernieron la verdad juntos mediante un diálogo orante, y de nuevo en Nicea, donde la claridad del credo finalmente surgiría tras un prolongado debate impulsado por diferencias y perspectivas políticas, culturales y teológicas. A pesar de las numerosas influencias coercitivas, tanto dentro como fuera de la Iglesia, fue a través de una escucha y un discernimiento más profundos del Espíritu en el culto compartido y la comunión teológica que se produjo la fe confesada de la Iglesia a través del Credo Niceno. No custodiamos la verdad gritando más fuerte ni trazando límites más estrictos. La custodiamos escuchando, confesando, perdonando y viviendo en amor. Al reunirse la Iglesia en torno a la Mesa, se convierte en un lugar no solo de comunión, sino también de corrección, una comunidad que cree lo suficiente como para ser vulnerable y refinarse.

La distinción entre corrección y cumplimiento es vital. La corrección no consiste en abandonar la herencia doctrinal, sino en su cumplimiento continuo, eliminando las distorsiones que oscurecen la esencia del evangelio. El cumplimiento, en cambio, consiste en desplegar esa herencia de nuevas maneras que responden a nuevas perspectivas o necesidades, de forma similar a como la comprensión más completa de la Trinidad por parte de la Iglesia primitiva surgió en respuesta a las preguntas cristológicas. Juntos, garantizan que la doctrina se mantenga fiel al telos de sus orígenes y fielmente abierta a la revelación continua del Espíritu para cumplir el objetivo final de la promesa de Dios. El objetivo no es deshacer ni eliminar la fe anterior, sino dejar que la fe del pasado respire en el presente, corregir lo que inhibe la promesa de Dios y cumplir lo que el amor aún anhela expresar. La doctrina se vuelve fiel cuando permanece permeable a la gracia y siempre abierta al futuro de Dios y al nuestro en la promesa de la Nueva Creación.

La doctrina no se mantiene construyendo muros; se nutre construyendo confianza, una confianza cimentada en la comunión, sostenida mediante prácticas compartidas de gracia y encarnada en la confesión viva de la Iglesia sobre la fidelidad de Cristo. De esta manera, la Iglesia vuelve a ser lo que siempre ha sido llamada a ser: la confesión viva de la fe y la fidelidad de Cristo, dando testimonio del amor que mantiene todas las cosas unidas para la vida del mundo. Esta es la obra de la comunión. Es lenta, relacional y guiada por el Espíritu. Pero es la única manera en que la doctrina puede seguir siendo lo que debe ser: el testimonio de la Iglesia del amor que mantiene todas las cosas unidas.

Una pertenencia que cree

Como resultado directo del compromiso de la Iglesia con la corrección en la comunión, la fe no es el prerrequisito para la pertenencia, sino su fruto; la doctrina expresa el amor que ya compartimos. Es la confesión encarnada de una Iglesia ya incorporada a la vida de Cristo por el Espíritu.

No creemos para pertenecer; creemos porque ya hemos sido atraídos al amor. No es el asentimiento lo que nos gana un lugar, sino la comunión lo que nos enseña a hablar. Esta es la verdad que late en los primeros credos de la Iglesia y resuena en la obra del Espíritu desde Pentecostés hasta hoy. La pertenencia precede a la creencia, y la doctrina es el lenguaje que aprendemos a hablar en la casa del amor de Dios. En la Iglesia, no nos ganamos nuestro lugar por lo que profesamos. Profesamos nuestra fe porque ya hemos recibido un lugar en la Mesa.

Las verdades más profundas de la doctrina cristiana son confesiones de relación. Cuando decimos "Creo", no solo afirmamos que asentimos a una proposición, sino que confiamos en una Persona y que lo hacemos con los demás. La doctrina es una gramática comunitaria. Es el lenguaje compartido de un pueblo que está aprendiendo a amar lo que Dios ama y a reconocerse como amados.

Por eso Stephen J. Patterson y otros identifican Gálatas 3:28 como un credo fundamental: "Ya no hay judío ni griego, esclavo ni libre, hombre ni mujer, porque todos son uno en Cristo Jesús". No es una afirmación teológica especulativa; es una declaración de unidad. Menciona una pertenencia ya asegurada por el Espíritu. Y es esta realidad comunitaria la que hace posible la creencia.

En la tradición wesleyana, esto se refleja en la forma en que la fe se forma a través de las reuniones de banda, las reuniones de clase y la vida encarnada de la Iglesia. La doctrina nunca debe desvincularse de la Iglesia; siempre debe crecer dentro de ella, como una comunión dinámica de amor moldeada por el Espíritu y cimentada en la visión relacional que es el corazón de la teología wesleyana. Lejos de ser formulaciones abstractas impuestas desde arriba, para Wesley la doctrina surge de las prácticas compartidas de la gracia y se sustenta en la presencia del Espíritu en la comunidad. Este arraigo en la vida comunitaria mantiene la doctrina vibrante, responsable y transformadora. Wesley comprendió que las personas llegan a la fe no solo mediante la enseñanza, sino también mediante el testimonio. Al ser acogidos. Al orar por ellos. Al ver el amor en acción. En resumen, a través de la pertenencia.

Las prácticas de adoración, las Escrituras, los sacramentos y la disciplina espiritual no son mecanismos de control; son el terreno donde crece la fe. La doctrina es fruto de esta vida, no una valla que la proteja. Con demasiada frecuencia, la doctrina se ha convertido en un arma de exclusión. Se ha formulado la pregunta: "¿Qué debes creer para pertenecer aquí?". Pero el evangelio le da la vuelta a esta pregunta: "Ya que perteneces, ¿qué te atreverías a creer ahora?".

La hospitalidad, tal como la conciben teólogos como la distinguida Lettey M. Russell, no es una ética periférica, sino un acto doctrinal, una práctica mediante la cual la Iglesia encarna y realiza su confesión del amor fiel de Dios en el mundo. La hospitalidad no es simplemente social, sino teológica, una práctica que configura a la Iglesia como una confesión viva de la fidelidad de Dios mediante relaciones inclusivas y llenas de gracia que resuena con esta inversión. Debemos desmantelar las estructuras eclesiales rígidas y, en cambio, centrar la identidad de la Iglesia en la hospitalidad, una acogida radicalmente inclusiva como fundamento de toda reflexión teológica y vida comunitaria. La identidad de la Iglesia no se fundamenta en una jerarquía de creencias correctas y control episcopal, sino que se expresa como una mesa de gracia compartida, que encarna la doctrina mediante una comunidad inclusiva y una hospitalidad mutua donde la doctrina se moldea mediante el servicio mutuo y la presencia amorosa.

La pertenencia no se gana. Es revelada por el Espíritu, quien nos atrae a la comunión con Dios y con los demás. Es la gracia que nos abre los oídos para escuchar la Palabra, que nos abre el corazón para recibir al Espíritu, que nos abre la boca para expresar lo que sabemos que es verdad: que Dios es amor y que somos amados.

La doctrina debe forjarse en comunidad, no simplemente transmitirse aisladamente; debe moldearse mediante el culto compartido, la vida sacramental, las obras de misericordia y el servicio mutuo, donde la confesión de la Iglesia se forja continuamente mediante el amor encarnado en la práctica. Cuando creemos juntos, lo hacemos en un contexto de amor mutuo, vulnerabilidad y confianza. La fe que nace de la pertenencia no necesita dominar ni dividir.

Solo necesita dar testimonio, decir la verdad sobre el amor que nos encontró primero.

En definitiva, la gramática de la doctrina es simplemente esta: Pertenecemos. Creemos. Nos transformamos. Esta es la obra del Espíritu formándonos en el amor, no solos, sino juntos. En Cristo. Por el Espíritu. Para la gloria de Dios y la vida del mundo.

Fe y doctrina en el futuro de la Iglesia

La Iglesia habla la doctrina con la voz del amor, no para controlar el futuro, sino para acogerlo con confianza y esperanza.

Fluyendo del ritmo de pertenecer, creer y llegar a ser, la doctrina no se trata de asegurar la permanencia de la fe, sino de la confesión encarnada de la Iglesia de la fe y la fidelidad de Cristo, llevada adelante como testimonio vivo hacia el futuro de Dios. Se trata de dar testimonio del amor infinito y vulnerable de Dios, que es eterno y eterno. A medida que la Iglesia avanza hacia un futuro incierto, aunque un futuro lleno de esperanza y promesa, la doctrina no debe convertirse en una reliquia que defendemos, sino en un testimonio vivo que continuamos proclamando, con humildad, fe y amor. Lo que perdura no es la forma de nuestras palabras, sino el Espíritu que las inspira.

El futuro de la doctrina depende de su disposición a permanecer abiertos al Espíritu, el mismo Espíritu que, en Pentecostés, encendió los corazones y dio a la Iglesia una nueva lengua de amor y testimonio. La doctrina debe permanecer abierta porque el Espíritu siempre habla de forma nueva, siempre guiando a la Iglesia hacia una mayor profundidad en el amor vulnerable y transformador de Dios. Esto no significa olvidar nuestro pasado. Significa escucharlo con mayor reverencia y mayor confianza. Significa discernir lo que el Espíritu dice ahora, a la luz de lo que se ha dicho fielmente antes. La doctrina nunca debe detenerse en el tiempo. Debe permanecer en movimiento, impulsada por la vida de la Iglesia a medida que crece en el amor de Dios.

John Wesley captó esta visión cuando insistió en que la Iglesia debe avanzar hacia la perfección, no solo hacia la santidad personal, sino hacia una participación más profunda en la vida trinitaria de Dios. La perfección cristiana no es el fin del esfuerzo, sino la comunión cada vez más profunda con Dios que la doctrina debe servir, formar y expresar. No se trata simplemente de un ideal personal o eclesial, sino de una futura gramática de la doctrina moldeada en la comunión y la transformación; no de un sistema de pensamiento terminado, sino de un amor más perfecto. La doctrina no es conocimiento estático; es amor infinito en constante expansión, y por eso nuestras doctrinas buscan constantemente una nueva gramática de fe y comprensión para el camino. Es la articulación en desarrollo del camino de la Iglesia hacia Dios. Siempre debe estar moldeado por la oración, la comunión, el sufrimiento y la alegría.

La doctrina, especialmente la trinitaria, nunca es un marco abstracto impuesto al misterio divino, sino una expresión doxológica del Dios que se acerca a nosotros en amor. El magnífico libro de Catherine LaCugna, *Dios para nosotros,* nos enseñó que la teología debe siempre servir a la comunión, debe surgir de la vida de la Iglesia y retornar a ella. La doctrina orientada al futuro también es relacional, forjada en la vulnerabilidad compartida de ser atraídos a la vida de Dios.

La confesión de la Iglesia nunca se trata de escapar de la historia, sino de participar en el futuro redentor de Dios. La resurrección de Jesús no solo es el eje de la historia, sino también la fuente de nuestra esperanza. La Iglesia, con su propia vida, da testimonio de la renovación venidera de todas las cosas. Por lo tanto, la doctrina no es meramente retrospectiva, sino anticipatoria. Se proyecta hacia adelante con esperanza, llevando el recuerdo de la fidelidad de Dios a la promesa de la Nueva Creación.

El fuego del amor de Dios que formó los primeros credos debe ser el mismo fuego que forja nuestro testimonio hoy. La doctrina debe ser predicada desde ese fuego, o no debe serlo en absoluto. Porque es el Espíritu quien enciende este fuego, quien anima el testimonio de la Iglesia y quien continúa hablando a través de la doctrina cuando surge de la comunión, la oración y el amor. Si no nace de la oración, animada por el amor y acogedora para la esperanza, entonces deja de servir. La doctrina que no bendice no puede creer. Se vuelve frágil, y el mundo, con razón, se aparta.

Pero hay otra manera. La doctrina puede acoger el futuro como un don. Puede convertirse en la poesía de amor de la Iglesia, dando testimonio de la gracia con un lenguaje a la vez antiguo y nuevo. Cuando la doctrina se arraiga en la comunión, es libre de hablar con valentía y delicadeza, profética y pastoralmente. Puede aprender nuevos dialectos. Puede cantar nuevas canciones.

El testimonio de la Iglesia seguirá siendo creíble no porque controle la cultura, sino porque sigue amando. La doctrina perdurará no porque se imponga, sino porque se encarna en vidas de santidad, hospitalidad y esperanza, vidas que juntas dan testimonio de la vocación de la Iglesia como confesión viva de la fe y la fidelidad de Cristo. La Iglesia proclama y encarna la Buena Nueva de Cristo para la vida del mundo.

Por eso, la labor de la doctrina debe permanecer ligada a la oración, moldeada en comunidad e impulsada por la imaginación del Espíritu. Solo así podrá hablar con una voz que aún resuene a buena nueva. La Iglesia no predica la doctrina fiel como la gramática del amor de Dios para poseer la verdad, sino para ser poseído por ella, para ser atraído una y otra vez al misterio de Cristo, el Verbo hecho carne.

Al mirar hacia el futuro, debemos enseñar la doctrina no como ley, sino como amor. Debemos escribirla no solo en libros, sino en vidas, vidas moldeadas por la obra continua del Espíritu a través de las prácticas comunitarias de la Iglesia de oración, adoración y amor. Y debemos confesarla no para preservar el pasado, sino para preparar el camino para la Nueva Creación prometida por Dios. Así es como la doctrina se convierte en esperanza.

Y así es como la Iglesia llega a ser lo que cree: el Cuerpo vivo de Cristo, que habla la Palabra en el lenguaje del amor.

Confesión de la Fe Futura de la Iglesia.

Creemos en un amor inagotable.
Creemos en Cristo, resucitado e intercesor. Creemos en el Espíritu, que inspira nuestra doctrina y forma nuestra esperanza. Creemos que la Iglesia es el Cuerpo viviente y palpitante de Cristo, llamada a encarnar la fe de Cristo, a proclamar la Buena Nueva y amar con el amor que es el amor infinito y vulnerable de Dios, y a acoger el futuro de Dios.

Mandato de la Doctrina Encarnada.

Por lo tanto, enseñemos la doctrina como amor.
Confesemos no para controlar, sino para servir. Escribamos teología con nuestras vidas. Salgamos para convertirnos en lo que creemos, para proclamar lo que hemos recibido y para vivir lo que confesamos:
que Cristo resucitó,
el Espíritu está aquí y Dios es amor.

Capítulo cuatro
Doctrina recordada
La historia que moldea la Iglesia

"Haced esto en memoria de mí."
Lucas 22:19
"La tradición es la fe viva de los muertos; el tradicionalismo es la fe muerta de los vivos".
Jaroslav Pelikan

La tradición como memoria en movimiento

Al final del capítulo 3, presenciamos cómo la Iglesia, como confesión de fe encarnada, presenta la doctrina no como una proposición rígida, sino como un testimonio de amor, dado por el Espíritu y vivido en comunión. El capítulo 4 explora ahora cómo esta confesión es también una memoria viva, esperanzadora y transformadora. La doctrina, como verdad recordada, no es una reliquia, sino un ritmo, un patrón teológico y litúrgico que late en la vida de la Iglesia, moldeada por la memoria, sostenida por el Espíritu y orientada hacia el futuro prometido por Dios: una herencia infundida por el Espíritu que vincula pasado, presente y futuro. Este capítulo revela cómo la tradición se convierte en la gramática mediante la cual la Iglesia recuerda con amor, se corrige con amor y avanza por amor hacia la Nueva Creación.

La tradición vive cuando respira con el Espíritu que introduce el futuro prometido en el presente de la Iglesia. La memoria de la Iglesia no es una mirada al pasado, sino un testimonio, animado por el Espíritu, de la continuidad de la acción redentora de Dios a través del tiempo. Porque el Espíritu es el Señor del tiempo, que se cierne sobre la creación, desciende en Pentecostés y conduce todas las cosas a su cumplimiento en Cristo, la tradición se convierte en una mediación pneumatológica del pasado, el presente y el futuro. Es memoria en movimiento.

La tradición viva no es el pasado preservado, sino el pasado transfigurado en el presente por la irrupción del

Espíritu en el futuro prometido, un futuro que da forma a la tradición como la gramática del amor divino, proclamada por la Iglesia en todos los tiempos como respuesta infundida por el Espíritu a la fidelidad de Dios. Cuando la tradición se separa de la novedad del Espíritu, se calcifica en tradicionalismo, lo que Jaroslav Pelikan llama "la fe muerta de los vivos". Pero cuando respira con la energía del amor, la tradición nos recuerda no solo dónde hemos estado, sino adónde nos lleva Dios. Se convierte en la llama del amor, en lugar del fósil de la costumbre.

Esta llama se enciende con mayor intensidad en la Mesa. El mandato de Cristo: "Haced esto en memoria mía", no es nostalgia, sino una invocación escatológica. En la Eucaristía, este recuerdo es más que un recuerdo mental; es anamnesis, un acto doctrinal en el que se fusionan memoria, esperanza e identidad comunitaria. Aquí, la Iglesia entra en el misterio de la presencia de Cristo, dando testimonio de la fidelidad de Dios al recordar el Cuerpo en el amor, en el tiempo y en anticipación de la Nueva Creación. En la Mesa, la Iglesia recuerda en el presente su pasado y recuerda en anticipación de su futuro. La Eucaristía es anamnesis, memoria sacramental que recuerda el Cuerpo y reconstituye el mundo. Es un acto divino de recordar que reconecta y reordena todas las cosas en Cristo: lo que se ha roto, excluido o se ha vuelto obsoleto se recoge en el futuro de Dios. En la promesa de Dios, nada se descarta. En el aliento de Dios, incluso los huesos secos renacen.

La visión de Ezequiel del valle de los huesos secos (Ezequiel 37) capta este recuerdo. El Espíritu insufla vida a los fragmentos olvidados, elevándolos a la comunión. El Espíritu recuerda a la casa de Israel, resucitando, restaurando, reanimando. Asimismo, la memoria de la Iglesia no es un recuerdo pasivo, sino un acto de resurrección: una invocación de vida desde lo que parece olvidado. Recordar es un acto vivo de fe, amor e imaginación escatológica. La memoria se convierte en una participación anticipada en la Nueva Creación.

Este es el ritmo de la tradición inspirada por el Espíritu. Recuerda no para preservar, sino para transformar.

La tradición vive cuando respira profundamente con el aliento del Espíritu. La visión de John Wesley de la Iglesia como la "nueva morada de Dios en el Espíritu" refleja esta misma dinámica. Para Wesley, la Iglesia es una comunidad de promesa donde la doctrina, la oración y la misión surgen de la comunión con la vida divina. La memoria, animada por el Espíritu, se convierte en participación en la gloria futura ya comenzada.

La Tradición se entiende mejor no como una herencia estática, sino como el acto continuo de interpretación del Espíritu, un acto sostenido por la atención de la Iglesia a la Escritura, el sacramento y el silencio. Este hábito de atención es en sí mismo una especie de gramática del amor, moldeada a lo largo del tiempo por el fiel testimonio del Espíritu. Refuerza que la memoria doctrinal no es un recuerdo pasivo, sino una participación activa, guiada por el Espíritu, en la promesa de Dios que se despliega. La Tradición es el hábito de atención de la Iglesia, formado por el Espíritu, su discernimiento orante de la voz de Dios a lo largo del tiempo, moldeado por la Escritura, el silencio y el encuentro sacramental. Juntas, la memoria atenta y la visión de futuro enmarcan la doctrina no como un archivo estático, sino como una orientación dinámica hacia la irrupción de la novedad, una doctrina recordada en el Espíritu, no solo para su preservación, sino como una gramática del amor que inspira hacia el futuro de Dios. La Tradición es el hábito de atención de la Iglesia, formado por el Espíritu, su discernimiento orante de la voz de Dios a lo largo del tiempo, moldeado por la Escritura, el silencio y el encuentro sacramental.

La Tradición, entonces, no es un ancla que nos arrastra, sino una vela que se nutre del viento del Espíritu, una vela moldeada por la memoria eucarística e impulsada por la esperanza escatológica, que impulsa a la Iglesia hacia adelante con el aliento del Espíritu hacia el futuro que Dios nos revela. Esta imagen evoca el arco del capítulo, donde el Espíritu sopla a través de la memoria, la corrección, la plenitud y la encarnación, llevando a la Iglesia hacia el amplio horizonte del futuro prometido por Dios. Esta vela se iza con los vientos del futuro de Dios, la esperanza moldea la memoria. La vela se mantiene firme mediante la atención orante y el discernimiento contemplativo, y se orienta hacia la reconciliación, la sanación y la hospitalidad.

La Tradición, entonces, habla con una gramática de amor moldeada en el tiempo, siempre renovada por el Espíritu que anima la vida de la Iglesia en el presente y la conduce hacia la plenitud de Cristo. Nos fundamenta en la fidelidad de Dios, pero nos impulsa hacia nuevas expresiones de amor que aún se están desarrollando. "La fe una vez dada a los santos" permanece constante en el amor, pero su lenguaje, formas y posibilidades se expanden a medida que el Espíritu, la energía del amor infinito y vulnerable de Dios, continúa hablando y cantando a la creación hacia la novedad.

La tradición y el espíritu de corrección

Si la tradición es una memoria en movimiento, también debe ser una memoria dispuesta a ser reformada, una vela, no un ancla, abierta al viento del Espíritu que impulsa a la Iglesia hacia adelante. Al pasar de la memoria a la corrección, el mismo Espíritu que recuerda al Cuerpo renueva ahora su testimonio. Esta sección pasa de la belleza de la memoria viva a su vulnerabilidad: la tradición debe permanecer abierta a la corrección del Espíritu. La doctrina que heredamos no está exenta de refinamiento; es moldeada y remodelada por el amor que la llama a una fidelidad más profunda. Aquí, la Iglesia escucha la voz que aún habla, confiando en que el amor divino no solo recuerda, sino que renueva.

La tradición está viva cuando cede a la obra de corrección, refinamiento y santificación del Espíritu. Corregir no es rechazar la tradición, sino profundizar la fidelidad. Como se ve en las afirmaciones históricas de la Iglesia, como el refinamiento de la doctrina cristológica entre Nicea y Calcedonia, la corrección a menudo surge de una escucha más atenta del evangelio y más fiel al Espíritu. En esos momentos, la Iglesia no abandona su herencia, sino que busca dar un testimonio más auténtico de ella, desprendiéndose de aquello que "ahora" impide el cumplimiento del futuro incipiente de la promesa de Dios. Si la doctrina es la gramática de la fe y el amor de la Iglesia, entonces la corrección continua de la doctrina es la obra continua del amor. Así es como el Espíritu poda y renueva a la Iglesia para que la tradición dé un testimonio más claro de Cristo y avance con mayor fidelidad hacia el amor infinito y vulnerable que nunca termina.

Así como los individuos son santificados por la gracia, también lo es la confesión de fe compartida de la Iglesia. La corrección es la disciplina del Espíritu por amor. Cuando la tradición se resiste a la corrección, se anquilosa y muere. Pero cuando permanece abierta y vulnerable a la voz del Espíritu, es reformada en alegría y fidelidad por el amor perfecto que es Dios.

Este doble movimiento de lo que Pelikan llama "corrección y cumplimiento" es una dinámica guiada por el Espíritu que sustenta la continuidad apostólica a la vez que despliega nuevas expresiones de amor; asegura que la doctrina permanezca arraigada y receptiva: arraigada en la fe una vez entregada, pero receptiva al Espíritu que corrige, renueva y cumple la tradición a la luz de la continua autorrevelación de Dios. El Espíritu asegura tanto la continuidad de la fe apostólica como su transformación en amor. La corrección no es un mero ajuste doctrinal, sino la iniciativa misericordiosa del Espíritu para alinear más profundamente la tradición con el misterio de Cristo en desarrollo. El cumplimiento, entonces, no es la culminación como cierre, sino la realización como una participación más profunda en la vida divina que renueva continuamente a la Iglesia. La Iglesia primitiva comprendió esto profundamente.

Los grandes concilios de Nicea, Constantinopla y Calcedonia no fueron meros campos de batalla doctrinales ni necesidades políticas. Fueron esfuerzos devotos y dolorosos para dar fiel testimonio del misterio de Dios. Estamos poseídos por la verdad y, por lo tanto, participamos de ella mediante la fe, la esperanza y el amor. Nuestras doctrinas son provisionales, no porque la verdad sea inestable, sino porque la irrupción del futuro de Dios en el nuestro siempre está cambiando nuestra perspectiva a través de la fe, la esperanza y el amor. La promesa de Dios no es un archivo fijo, sino un futuro que aún está por llegar. El Espíritu continúa guiándonos hacia toda la verdad (Juan 16:13), no como un punto final, sino como una peregrinación hacia una participación cada vez más profunda en Cristo. Al mirar al horizonte y ver el futuro de Dios acercándose a nosotros, no vemos el fin de todo, sino el comienzo de toda verdad, tan infinita como el amor infinito y vulnerable que es Dios.

La tradición y el cumplimiento de la promesa

Si la corrección abre la tradición a su renovación santificadora, como el fuego purificador y el aliento vivificante, entonces el cumplimiento la conduce hacia su fin radiante, impulsada aún por la gracia del Espíritu que impulsa hacia adelante. De la poda al florecimiento, la gramática de la doctrina debe moldearse no solo por lo recibido, sino por lo que Dios ha prometido completar. La sección 3 pasa ahora de la corrección a la consumación, del fuego purificador del Espíritu al horizonte de la plena llegada del amor. La Iglesia, formada en la memoria, avanza ahora hacia la madurez en la esperanza.

La tradición vive cuando se abre al futuro que confiesa: el cumplimiento del amor de Dios. La tradición cristiana es escatológica antes que histórica. No es simplemente una memoria retrospectiva, sino un testimonio progresista de las promesas de Dios. La tradición lleva consigo la memoria de la fidelidad divina precisamente porque confía en el futuro que la memoria anticipa. De esta manera, la tradición se convierte en un instrumento de promesa, un testimonio de que lo que Dios ha comenzado se completará.

La Tradición, entonces, no es un depósito estático de verdades inmutables, sino una corriente viva de amor que fluye hacia su telos en Cristo, llevada en las palabras de la liturgia, el ritmo de la confesión y la fiel improvisación de vidas arraigadas en la gracia y guiadas por la esperanza. Recuerda no solo lo dicho y hecho, sino también lo prometido y lo que aún se está desarrollando. Canta lo que está por venir.

John Henry Newman describió la tradición como un desarrollo orgánico: una visión que resuena con el avance de la Iglesia hacia su plenitud. Su metáfora del crecimiento, la doctrina como un organismo vivo, sugiere no solo continuidad con el pasado, sino también orientación hacia el futuro. Bajo esta luz escatológica, la tradición crece no solo por acumulación, sino al alcanzar la plenitud del amor que Dios ha prometido. La doctrina crece como un organismo vivo, arraigada en Cristo, pero expandiéndose a medida que la Iglesia reflexiona más profundamente sobre el misterio que habita. La doctrina no brota en plena floración, sino que crece en continuidad con su fuente, como un árbol de su semilla, plantado junto a corrientes de agua viva, como lo imagina el Salmo 1, o como una rama que permanece en la vid de Juan 15. Este crecimiento se nutre de la oración, la contemplación y el testimonio fiel, extendiéndose siempre hacia la luz de Cristo. Para Newman, la herejía no era simplemente una creencia errónea, sino una falsa innovación o una "herejía del amor" que separa este crecimiento de su fuente, la energía viva y palpitante del amor de Dios. El verdadero desarrollo, en cambio, permanece anclado en la fidelidad inmutable de Cristo, aun cuando se expande en comprensión y expresión. El discurso de la Iglesia sobre Dios debe siempre expandirse para coincidir con la realidad del Dios que habla primero.

La doctrina nunca es un comentario estático, sino una respuesta guiada por el Espíritu a la presencia viva de Cristo. El desarrollo doctrinal es la maduración contemplativa y contextualizada de la fe por parte de la Iglesia, una respuesta viva que refuerza la tradición como un camino hacia su cumplimiento. El crecimiento doctrinal no es un desvío del evangelio, sino el desarrollo de su significado en contextos siempre nuevos, arraigado en la contemplación y receptivo al testimonio de santidad a lo largo del tiempo.

Cuando la doctrina se entiende de esta manera, la plenitud doctrinal no se entiende como una expansión especulativa, sino como una profundización guiada por el Espíritu, arraigada en la receptividad orante de la Iglesia al deseo y el amor de Dios. La plenitud no se alcanza mediante la invención teológica, sino mediante la oración que escucha el futuro de Dios que presiona el presente de la Iglesia. La verdadera plenitud nace en el silencio donde se arraigan el amor y el deseo transformadores de Dios.

Las primeras comunidades cristianas confesaron a Jesús como Señor mucho antes de articular las doctrinas de la Trinidad o la Encarnación. Pero bajo la presión del culto, la persecución y el amor, la confesión de la Iglesia se hizo más precisa, no para controlar el misterio, sino para honrarlo; no porque no experimentara ya el misterio del amor, sino porque sabía que el misterio inagotable del amor infinito y vulnerable jamás podría ser contenido. El Espíritu no preservó a la Iglesia en silencio, sino que le dio voz para todos los tiempos.

Sin embargo, no debe confundirse el cumplimiento con la finalidad. Dado que el Espíritu continúa hablando e impulsando a la Iglesia, el cumplimiento sigue siendo un viaje más que una conclusión, una invitación a un amor sin fin y una gramática que aún canta el aliento de Dios. La tradición permanece abierta porque el Espíritu que habita en la Iglesia siempre está obrando, siempre hablando de nuevo. El cumplimiento no es, por lo tanto, un cierre, sino una ampliación de la participación en la vida divina, un amor que continúa llevando a la Iglesia a una mayor profundidad en el misterio, la esperanza y la comunión. La tradición se cumple no cuando termina, sino cuando se transfigura, asumida en la vida continua de la promesa de Dios. El amor que es Dios es la fuente de nuestra vida, y este amor, que es la fuente de la gramática de fe de la Iglesia, nunca termina. El cumplimiento doctrinal no es el fin del desarrollo, sino su profundización. El cumplimiento no abandona el origen; lo lleva a la madurez.

Para Wesley, la santificación era este cumplimiento dinámico: el desarrollo de la gracia en un amor mayor. La salvación no era un momento para reclamar, sino un movimiento al que unirse. La Iglesia, como Cuerpo de Cristo, está llamada a cooperar con la gracia, no solo para recibir la promesa, sino para participar en ella. La doctrina crece en la gracia al vivir vidas conformadas a Cristo.

La Eucaristía se convierte de nuevo en signo de cumplimiento, representando memoria y promesa en un solo acto sacramental, una extensión del ritmo anamnético explorado anteriormente. Así como la memoria eucarística fusiona pasado y futuro en la acción presente del Espíritu, aquí la Mesa se convierte en la convergencia de la promesa cumplida y la gloria anticipada. En este acto, la Iglesia no solo recuerda lo que fue; vive en lo que está por venir. Reúne el pasado y el futuro de la Iglesia en un momento presente de comunión, encarnando el ritmo anamnético explorado en capítulos anteriores.

En este acto, la tradición no se limita a recordar, sino que anticipa, revelando la Mesa como el lugar donde el recuerdo se convierte en esperanza y la promesa de una nueva creación se hace tangible en la fracción del pan. En la anamnesis, la Iglesia recuerda hacia adelante. La Mesa no es un símbolo estático, sino un acto sacramental donde la promesa se hace presencia. Al interpretarse la liturgia como un encuentro estructurado con Dios, se convierte en una especie de tradición en movimiento: lenguaje y forma transmitidos y elevados, rezados de nuevo por cada generación. En la Palabra y el Sacramento, la tradición cumple su vocación de mediar la presencia de Cristo Resucitado en la vida de la Iglesia.

El cumplimiento de la tradición no es la finalidad, sino la transfiguración. La doctrina se integra en la vida radiante de Cristo, donde lo susurrado se convierte en proclamación y lo que era semilla, en fruto. Lo que antes estaba oculto se revela en la gloria y el amor de Dios.

La Iglesia como icono que respira

Si la tradición cumple su propósito en la consumación del amor, debe tomar forma visible y encarnada. Esta sección explora cómo ese cumplimiento se vuelve iconográfico. Así como la doctrina moldea la memoria y la esperanza, también debe moldear la vida vivida, vista y compartida. Aquí la Iglesia se revela como el icono viviente del Dios Trino: una comunidad sacramental cuya forma refleja el contenido del amor que proclama.

Decir que la Iglesia es un icono del Dios Trino es decir que participa de quien proclama, encarnando, como la tradición misma, una gramática del amor hecho visible. La iconografía, en este sentido, se convierte en un lenguaje teológico, una forma de testimonio mediante el cual la Iglesia expresa el misterio que habita. Cristo, imagen (*eikōn*) del Dios invisible, se convierte en la medida y el sentido de la tradición. La Iglesia, como Cuerpo de Cristo, está llamada a ser portadora de esa imagen, a "llegar a ser por gracia lo que Dios es por naturaleza".

Los iconos son para la vista lo que la música es para el oído. Juntos, los iconos de Oriente y la música de Occidente se proyectan más allá de sí mismos, despertando el deseo por lo que no se puede poseer, sino entrar para participar. Los iconos no son fines en sí mismos; son medios de gracia para alcanzar nuestro fin: tan amorosos por la gracia de Dios como Dios lo es por naturaleza.

La tipología de Jaroslav Pelikan (ídolo, símbolo, icono) agudiza esta distinción y profundiza la vocación iconográfica de la Iglesia. Evitar la idolatría significa negarse a confundir la Iglesia con Dios; evitar el simbolismo significa resistirse a la reducción a la nostalgia cultural o al simbolismo superficial. Un icono, en cambio, es transparente a lo que significa; señala más allá de sí mismo, al amor Trino que refleja. Esta claridad en la distinción ayuda a la Iglesia a comprender su vocación: ser una ventana fiel y llena de gracia a través de la cual el amor oblativo de Dios brilla visiblemente en el mundo. Un ídolo atrapa; un símbolo olvida y, por lo tanto, tergiversa. Pero un icono es transparente a lo que significa. La Iglesia, como Cuerpo de Cristo, comparte esta vocación iconográfica. Está llamada a ser un signo visible, tangible y vibrante del amor oblativo de Dios. Como tal, la Iglesia no es la fuente de luz, sino una ventana a través de la cual brilla la luz. Ella es el templo no de su propia gloria, sino de la presencia interior del Espíritu.

La identidad de la Iglesia es inherentemente participativa, una realidad que configura su vocación iconográfica. Ser atraídos al modelo kenótico del amor divino no solo implica reflejar a Dios éticamente, sino también representarlo visualmente a través de una existencia cruciforme. Esta participación convierte a la Iglesia no solo en testigo del evangelio, sino en un icono vivo y palpitante del Cristo que se entrega a sí mismo, tanto en forma como en acción. Ser justificados es ser atraídos a la forma kenótica del amor divino, y ser Iglesia es habitar este modelo cruciforme pública y comunitariamente. La Iglesia no se limita a proclamar el evangelio; se convierte en el evangelio, una comunidad cruciforme, llena del Espíritu, cuya vida misma es misión. Esto evoca la visión wesleyana de la santidad como vida compartida en el amor, una participación posibilitada por el Espíritu en la entrega de Cristo por el mundo. La Iglesia, entonces, como icono del Señor crucificado y resucitado, encarna la vida divina que proclama, convirtiéndose por gracia en lo que Cristo es por naturaleza.

La visión de John Wesley de la Iglesia como la "nueva morada de Dios en el Espíritu" capta esto a la perfección. Para Wesley, la Iglesia no era simplemente la guardiana de la gracia de Dios, sino el lugar donde esa gracia se encarna en una verdadera comunidad. La santidad no era un logro individual, sino una participación compartida en el amor divino. La Iglesia es un cuerpo animado por el Espíritu, no solo un pueblo que proclama el evangelio, sino que se convierte en su forma visible en el mundo. Convertirse en el Evangelio para la vida del mundo es participar de la naturaleza misma del amor infinito y vulnerable que es Dios.

La Iglesia inspira el Espíritu mediante la oración, la Escritura y los sacramentos, y lo exhala mediante la hospitalidad, la justicia, el perdón y la alegría. Cuando la Iglesia vive este ritmo, su tradición no es frágil sino vivaz; no es una reliquia sino un recipiente de vida.

Esta es la imaginación sacramental en acción. En sus liturgias, la Iglesia no solo recuerda a Cristo, sino que lo encuentra. En su doctrina, no se limita a recitar la verdad, sino que la transmite. En su comunidad, no se limita a reflejar el Evangelio, sino que se convierte en un anticipo del Reino. Este es el misterio de la Iglesia como icono: ella es lo que proclama.

Ser fiel a la tradición, entonces, no significa aprisionarla en las formas del pasado, sino ofrecerla de nuevo como una ventana por la que el Espíritu pueda respirar hoy. Los iconos solo son fieles cuando son transparentes a lo que significan. Lo mismo ocurre con la tradición. Solo es verdaderamente tradición cuando apunta más allá de sí misma, a Cristo, al Espíritu, al amor eterno del Padre.

La Iglesia, como icono vibrante del amor de Dios, no da testimonio de su propia grandeza. Da testimonio de Aquel que se hizo carne, que aún habita entre nosotros y que, incluso ahora, renueva todas las cosas.

Recordando hacia adelante, la tradición como esperanza

El recorrido de la tradición, de la memoria a la corrección y a la iconografía, encuentra su pulso en la esperanza, una esperanza ya realizada en la Eucaristía, donde convergen memoria y promesa. Este ritmo sacramental, impulsado por el Espíritu, consolida la confianza de la Iglesia en Dios que renueva todas las cosas. En esta última etapa, la Iglesia está llamada a recordar no solo lo que Dios ha hecho, sino también a confiar en lo que Dios ha prometido. La esperanza transforma la memoria en misión y la doctrina en promesas, un movimiento impulsado por el aliento del Espíritu. Así como la memoria está animada por la presencia del Espíritu, también la esperanza es la energía propulsora del amor divino que mantiene a la Iglesia asentada en el futuro de Dios. La Iglesia recuerda hacia adelante, viviendo el futuro con el aliento del Espíritu, animada por el amor que siempre llega.

La tradición cumple su propósito cuando se convierte en un vehículo de esperanza. Es el recuerdo de la fidelidad de Dios, animado por la confianza en su futuro. La esperanza escatológica siempre precede al pasado histórico. Dado que la presencia del Espíritu es a la vez recuerdo y promesa, la memoria se convierte en participación en lo que será.

La esperanza cristiana no es optimismo, sino confianza en el carácter del Prometido. Como observó Wesley, los mandamientos de Dios siempre se infunden en sus promesas. No se basa en el progreso humano, el ingenio ni el pensamiento positivo. Se arraiga en el carácter de Dios, el Dios que resucitó a Jesús de entre los muertos y que completará todas las cosas. Para la Iglesia, la esperanza no es una aspiración, sino participación en una promesa ya viva en nosotros. Esta esperanza da testimonio incluso en medio del sufrimiento y la demora, pues sabe que el Espíritu gime con nosotros y por nosotros mientras esperamos la redención de todas las cosas.

La esperanza es la negativa a dejar que el pasado determine el futuro; es la determinación de vivir ahora según la paz prometida. Esta visión reconciliadora no solo restaura la relación, sino que evoca la promesa eucarística: un anticipo del banquete escatológico donde los enemigos se convierten en huéspedes y los extraños en parientes. De esta manera, la reconciliación se vuelve sacramental, encarnando la esperanza de un mundo renovado. Que la esperanza cristiana está siempre ligada a la reconciliación. Recordar hacia adelante significa recordar con fidelidad, con la mirada puesta en la justicia, el perdón y la aceptación de los enemigos.

La tradición se vuelve esperanzadora cuando se apoya en la promesa, cuando permite que la Eucaristía encarne el futuro que anticipa. Al partir el pan y compartir el cáliz, la Iglesia realiza una memoria que mira hacia adelante: un acto anamnético donde la memoria sacramental fusiona pasado y promesa en una sola gracia presente. Este momento en la Mesa encarna el ritmo teológico de la Iglesia, memoria en movimiento, donde la doctrina no solo se recuerda, sino que se anticipa, haciendo de la Eucaristía una expresión de esperanza que mira hacia adelante.

Este es un sacramento que no solo recuerda el amor oblativo de Cristo, sino que también ensaya la alegría y la justicia del banquete venidero que ve y saborea. Esta esperanza encarnada nutre a la Iglesia para que se arriesgue a hablar con una nueva gramática del amor, para ser partida, bendecida y redistribuida, como el pan en la mesa, como anticipo del banquete venidero. Bajo esta luz, la tradición se vuelve sacramental, se arriesga a un nuevo lenguaje, al permitirse ser partida, bendecida y redistribuida, como el pan en la mesa, como anticipo del banquete venidero. No se limita a preservar o defender el pasado; confía en la promesa de Dios. Y por la energía del amor divino, se convierte en el pan para el mundo, partido, bendecido y redistribuido, como signo del Cristo que siempre viene.

La Iglesia, como cuerpo de Cristo, es el lugar donde la memoria y la esperanza se encuentran, donde los santos cantan junto a quienes buscan, y el Espíritu infunde nueva vida en los huesos viejos. Recordar con anticipación es seguir el camino de Jesús. A medida que Jesús crecía en sabiduría y estatura al confiar en el Espíritu, se convirtió en el Cristo, Aquel que encarna la energía del amor de Dios y nos muestra cómo caminar en confianza y amor. Recordar con anticipación es llevar las historias de los fieles a lugares que nunca imaginaron. Es recibir lo que se ha transmitido con gratitud y ofrecerlo de nuevo con la valentía del amor, el mismo amor que resucitó a nuestro Señor de la tumba. Es confiar en el Espíritu que descendió en Pentecostés y aún desciende, aún habla, aún forma un pueblo de muchas lenguas y muchas tradiciones, lleno de la energía del amor, para la vida del mundo.

La tradición solo será creíble si conserva la esperanza. Solo si continúa confesando a Cristo no como una reliquia, sino como una presencia viva. Solo si enseña a la Iglesia a recordar, no con miedo, sino con fe. No para defender el pasado, sino para proclamar el futuro prometido de la Nueva Creación. No para erigir monumentos a las certezas del ayer, sino para convertirse, incluso ahora, en un anticipo de lo que será.

Recordar hacia adelante es mantener unidos el pasado y el futuro en el presente como un don. Es caminar por el camino de Cristo, cantar canciones antiguas con versos nuevos, convertirnos en lo que proclamamos. La tradición solo será creíble si conserva la esperanza, solo si no se dirige a sí misma, sino a Cristo resucitado y que regresa.

Porque Jesús es el Cristo que encarna el contenido y el cumplimiento de cada promesa de Dios. Él es el Alfa y la Omega, Aquel que nos precede y quien nos llama a avanzar. La Iglesia recuerda el futuro porque Cristo nos guía hacia él. Él es la canción que aún se canta, la luz que aún se alza, el amor que siempre llega.

Recordar hacia adelante es vivir ahora a la luz de lo que será: una Iglesia transfigurada por el amor, un mundo hecho nuevo y un canto que surge de cada lengua, tribu y nación, resonando a través del tiempo y más allá del tiempo, para gloria de Dios.

La tradición, entonces, no es un monumento sino un movimiento, una memoria plasmada en el amor, llevada adelante por el Espíritu, haciendo eco de la promesa: "He aquí que yo hago nuevas todas las cosas".

La doctrina recordada es doctrina transfigurada. Esta transfiguración nace de la atención contemplativa al gemido del Espíritu. La doctrina madura mediante la disposición imaginativa a la sorpresa divina.

La memoria nos ancla en la fidelidad del Espíritu; la corrección nos purifica en el fuego del amor de Dios; la plenitud nos extiende hacia el horizonte de la promesa; la encarnación hace visible el amor en la comunión de la Iglesia; y la esperanza canta la canción de lo que será. En todo esto, el Espíritu moldea una doctrina fiel que respira la vida de la fe y la fidelidad de Cristo, siempre antigua y siempre nueva, dando testimonio del Dios que era, es y ha de venir.

Que la Iglesia recuerde hacia adelante, transfigurada por el amor, hasta que todas las cosas hablen el lenguaje de la gracia y toda la creación se una al canto del futuro de Dios.
Amén.

Capítulo cinco
La doctrina hecha carne
Formación para el futuro de Dios

"*La Iglesia cambia el mundo no haciendo conversos, sino haciendo discípulos*".
Juan Wesley
"*La fe no es obra de individuos aislados, sino el trabajo de una comunidad formada por la Palabra y el Espíritu, modelada a semejanza de Cristo por el amor.*"
Juan Wesley

La doctrina no solo se confiesa y se practica; también se enseña, se recuerda y se vive a lo largo del tiempo. En este capítulo, exploramos la doctrina como pedagogía espiritual, un instrumento de formación que cultiva la fe, la esperanza y el amor en comunidades moldeadas por el futuro de Dios. Esta formación no solo se da en espacios académicos, sino en la vida relacional, encarnada y comunitaria de la Iglesia.

De la memoria al testimonio encarnado
Si la tradición es memoria en movimiento, un recordar hacia adelante moldeado por el aliento del Espíritu, entonces resuena con la identidad escatológica de la Iglesia. Llama a la Iglesia a vivir como una comunidad que anticipa y encarna el futuro prometido por Dios incluso ahora: una comunidad llamada a anticipar y encarnar el futuro prometido por Dios incluso ahora. La memoria de la Iglesia no es meramente retrospectiva, sino anticipatoria. Recuerda para encarnar las promesas de Dios mediante prácticas presentes de amor y testimonio. De esta manera, la memoria se convierte en una postura activa de esperanza, vinculando el arraigo histórico de la Iglesia con su vocación como anticipo de la Nueva Creación. La Iglesia no se limita a pensar o hablar la tradición; la canta, la pinta, se arrodilla en ella y la consume. Recuerda hacia adelante no solo con su mente sino con sus sentidos, no solo en la doctrina sino en la doxología. La

promesa de la Nueva Creación no es una abstracción incorpórea de la esperanza escatológica, es la transfiguración de toda nuestra humanidad y de todas las cosas de la creación en la vida de Dios.

Cuando la doctrina respira, ya no se basa únicamente en las páginas del credo de la Iglesia, sino que se convierte en música en el santuario, fragancia en el aceite, icono en las paredes y pan en las lenguas de quienes despiertan en el Cuerpo vivo de Cristo. La Iglesia se convierte no solo en la memoria del amor pasado de Dios, sino en su icono viviente, como sugiere la teología ortodoxa oriental: un signo visible de la belleza y comunión divinas, transparente al misterio que proclama: a saber, el amor oblativo del Dios Trino que atrae a toda la creación hacia su consumación. La doctrina, desde esta perspectiva, no es una articulación rígida del dogma de la Iglesia, sino una expresión dinámica que forma y transforma la vida común de la Iglesia, moldeando cómo las comunidades encarnan la gracia, practican el perdón y viven el futuro de Dios con esperanza y fidelidad. La doctrina se convierte en la gramática fiel del amor divino, un lenguaje dinámico que no solo informa, sino que también representa el amor que proclama, moldeando los hábitos, las relaciones y la imaginación de la Iglesia. Cultiva no solo la claridad teológica, sino un estilo de vida arraigado en la gracia y orientado hacia el futuro de Dios, una comunidad formada no en torno a meras ideas, sino en torno a la presencia viva de Cristo. La doctrina fiel se convierte en un testimonio transfigurado: memoria transmitida por el aliento del Espíritu, que moldea una comunidad de fe con la "esperanza de gloria" ya iniciada.

Esta encarnación no es ornamental, sino formativa. La vida de la Iglesia se convierte en una pedagogía espiritual, donde la doctrina no es estática, sino que moldea a los discípulos en hábitos para el futuro de Dios. La doctrina no es un cúmulo de información en forma de proposiciones teológicas, como a veces ocurre en ciertas corrientes del escolasticismo o del fundamentalismo clásico; es una disciplina formativa moldeada por la esperanza escatológica.

Enseña no solo qué creer, sino también cómo ver, desear y actuar con el amor infinito y vulnerable que es Dios.

El filósofo James KA Smith afirma provocativamente que no somos meros "cerebros en palos" que nos movemos por el mundo con nuestras ideas, sino criaturas fundamentalmente deseantes, seres litúrgicos cuyos amores se habitúan a través de prácticas corporales. La antropología litúrgica, como la de Smith, refuerza el papel de la Iglesia como espacio pedagógico comunitario y sensorial. La doctrina, entonces, no solo se enseña, sino que se encarna a través de ritmos de culto y vida compartida. Así como las liturgias seculares, como las de los centros comerciales, los estadios o los estados-nación, moldean nuestros deseos mediante prácticas simbólicas repetidas, y los deseos mediante prácticas y acciones simbólicas repetidas, también las liturgias eclesiales nos moldean a través de ritmos sagrados, dirigiendo nuestros afectos hacia el Reino de Dios. Para que la doctrina forme discípulos, debe encarnarse en rituales y ritmos que dirijan el corazón, el cuerpo y la visión hacia Cristo, moldeando un pueblo cuyos amores están correctamente ordenados por el Espíritu.

La doctrina fiel ayuda a cultivar un hábito santo, una forma de estar en sintonía con la presencia de Dios en el mundo. Al hacerlo, refuerza la afirmación central del capítulo: que la doctrina funciona como pedagogía espiritual, moldeando no solo la creencia, sino a la persona integral para la vida en el futuro de Dios. La formación se da tanto a través del cuerpo y la imaginación como de la mente. La doctrina reordena el deseo no solo para los individuos, sino dentro de la vida compartida de la Iglesia; la formación espiritual está profundamente entrelazada con la reordenación del deseo, un proceso no solo personal sino profundamente comunitario. Esta transformación del deseo ocurre dentro de la vida de la Iglesia, donde la oración, la doctrina y la vulnerabilidad compartida reorientan los afectos de toda la comunidad hacia el amor divino. La oración contemplativa se convierte en el crisol donde los amores desordenados se purifican y se atraen hacia el anhelo divino. Esto no es una negación del deseo, sino su transfiguración, un proceso de pedagogía espiritual mediante el cual el deseo no se borra, sino que se refina mediante la oración compartida y la participación en la vida de Dios. La doctrina, entonces, no se trata simplemente de dominar el contenido, sino de reordenar el deseo hacia la participación trinitaria, donde el creyente se integra a la vida relacional de Dios, reforzando el tema del capítulo: el amor divino y la comunión. La participación consiste en ser dominados y transformados por el amor de Dios en Cristo mediante el Espíritu, cuya obra alinea nuestros deseos con los de Dios.

La doctrina y los sentidos: fundamentos teológicos

Este recuerdo encarnado nos introduce en el terreno teológico que insiste en que la doctrina debe involucrar a toda la persona: cuerpo, mente e imaginación. Si la doctrina nos forma para el futuro de Dios, debe reflejar la lógica de la Encarnación: debe tomar forma a través del cuerpo, en la comunidad y a través del tiempo. La fe de la Iglesia no se expresa simplemente con palabras; se canta, se saborea, se reza, se toca y se habita. La doctrina vive a través de la gracia sacramental y la participación sensorial. Se aprende no solo en los seminarios, sino en el aceite fragante de la sanación, la presión de arrodillarse, la textura del pan y la mirada serena del icono.

Así como el Verbo se hizo carne, también debe hacerlo la doctrina. La doctrina debe tomar forma en las liturgias, la ética y el testimonio encarnado de la Iglesia, haciéndose visible en las obras de misericordia, audible en los clamores de justicia y tangible en la vida sacramental del Cuerpo de Cristo. Así como el Verbo no permaneció distante ni incorpóreo, la doctrina debe entrar en el mundo de la experiencia, el lenguaje y la carne humana, formándose en comunidad y practicándose en el amor. Solo cuando la doctrina se encarna en los ritmos de la vida cotidiana de la Iglesia, refleja verdaderamente la lógica encarnada que proclama. Dios habla no en abstracción, sino en presencia encarnada, como insisten Atanasio e Ireneo en sus teologías encarnadas, no en proposiciones teológicas, sino en persona. Cristo encarnado es la imagen visible del Dios invisible, la doctrina viva del amor divino encarnado en la historia. Si Cristo es el Verbo hecho carne, entonces la doctrina fiel debe convertirse en el lenguaje del amor hecho visible, palpable y audible en la vida de la Iglesia. La doctrina no es un pensamiento congelado en el tiempo, sino un ritmo de participación que perdura, una gramática de la gracia ensayada en las posturas de la oración y en la música de la liturgia.

Esta lógica sacramental encuentra profunda resonancia en la tradición teológica. La Trinidad no es un rompecabezas abstracto, sino una realidad relacional y económica que debe ser experimentada a través de la vida encarnada de la Iglesia. La Trinidad económica, la acción de Dios en la historia, fundamenta la doctrina en prácticas como la Eucaristía, el culto comunitario y los gestos de hospitalidad. Estos actos sensoriales y sacramentales no son meros símbolos, sino que son en sí mismos formativos: hacen visible, audible y palpable la vida divina. Desde esta perspectiva, la doctrina se convierte no solo en una declaración sobre Dios, sino en una coreografía de participación en la vida entregada de Dios. El énfasis en la Trinidad económica subraya que el amor entregado de Dios no es meramente doctrinal en su contenido, sino sacramental en su presencia, integrado en el culto encarnado de la Iglesia y formativo de los creyentes mediante prácticas tangibles y sensoriales, invitando a la Iglesia a reflejar esta relacionalidad divina en sus prácticas sensoriales y encarnadas de culto y formación. Esta es la forma del amor de Dios compartido con la creación. La doctrina, por lo tanto, debe reflejar el movimiento relacional y económico de la entrega de Dios. La Trinidad económica es la Trinidad inmanente que fundamenta la doctrina en la acción divina. Lo que Dios hace en la historia —sanando, enviando, derramando el Espíritu— es lo que Dios es eternamente: una comunión de amor. La doctrina se convierte no solo en reflexión, sino en participación en el encuentro divino, al involucrar a la Iglesia en el movimiento relacional y económico del amor de Dios, hecho tangible a través de la presencia sacramental y la formación comunitaria.

Sarah Coakley integra esto en la vida de oración, ofreciendo una visión profundamente integrada donde convergen la formación espiritual y la comprensión teológica. En su teología de la contemplación, ofrece una visión donde la doctrina se intensifica a través del silencio, no se ignora. En la quietud de la entrega corporal, el creyente se sumerge en el movimiento de amor abnegado del Espíritu. Aquí, la doctrina se arraiga no solo en proposiciones, sino en el deseo transformado, en la reorganización gradual del corazón mediante la atención a la presencia divina. La doctrina se forma a través de *la teología total:* una teología que abarca el género, el cuerpo y el deseo. El Espíritu no ignora el cuerpo; lo santifica, atrayendo incluso nuestros deseos a la resonancia divina.

La doctrina se forma, no dominando el contenido, sino cultivando la atención, la entrega y la receptividad a la belleza divina. La doctrina es una pedagogía del cuerpo y la imaginación, que moldea una Iglesia que contempla, espera y desea a Dios con rectitud, que ve en la iconografía una pedagogía contemplativa, que resuena con una visión de deseo y encarnación.

Así, la doctrina se forma no dominando el contenido, sino cultivando la atención, la entrega y la receptividad a la belleza divina. La doctrina es una pedagogía del cuerpo y la imaginación, que moldea una Iglesia que contempla, espera y desea a Dios con rectitud. El icono no es un adorno, sino una puerta: nos enseña a ver, no agarrando, sino atendiendo. La doctrina, como el icono, forma una especie de visión, entrenando nuestra mirada para percibir el misterio divino, no como un objeto, sino como un don. La oración ante el icono enseña a la Iglesia a dejarse dominar por la belleza de Dios, permitiendo que esa belleza forme no solo su sentido estético, sino también su comprensión teológica. Al entrenar la mirada hacia el misterio divino, los iconos moldean la capacidad de la Iglesia para percibir y recibir la doctrina como una realidad vivida, relacional y llena de gracia, en lugar de dominar a Dios con definiciones y conceptos. Después de todo, "Un Dios comprendido no es Dios en absoluto", dice Francis Turretin.

La doctrina bien formada moldea a las comunidades hacia la reconciliación, la alegría y la justicia. Una creencia incorpórea no puede transformar el mundo. Cuando la doctrina se materializa en la acción, se convierte en lo que siempre estuvo destinada a ser: un hábito compartido de amor, arraigado en la generosidad divina y dirigido al prójimo.

Esta visión transformadora tiene raíces antiguas. Gregorio de Nisa describe la doctrina como ascenso, una imagen que refuerza poderosamente la visión del capítulo de la doctrina como un proceso continuo y dinámico de formación. La comprensión teológica no es una posesión final, sino una expansión continua hacia el misterio divino, en consonancia con la afirmación de este capítulo de que la doctrina es una pedagogía de la transformación en lugar de un sistema estático de creencias: no la posesión de una verdad estática, sino la expansión del alma hacia la infinita belleza de Dios. La comprensión teológica no es una llegada final, sino una participación cada vez más profunda en el misterio divino. De manera similar, Agustín, en sus *Confesiones*, presenta la doctrina como memoria orante, verdad que no infla la mente, sino que reordena el corazón. Para Agustín, la doctrina se convierte en sabiduría cuando dirige toda la vida hacia el Dios que es amor.

Todas estas voces convergen en una visión de doctrina que no es incorpórea, sino doxológica; no desprendida, sino sacramental. En Pentecostés, la Iglesia no recibió un manual ni un plan en forma de credo. Recibió una llama, un sonido, un aliento impetuoso. Los sentidos se encendieron. El Espíritu descendió no como texto, sino como acontecimiento y encuentro. Desde ese momento, la doctrina de la Iglesia se ha forjado no solo en la claridad intelectual, sino en la transformación sensorial: un cuerpo que aprende a escuchar la Palabra en múltiples lenguas, a ver lo invisible en el pan y el vino, a sentir el toque divino en el aceite de la unción.

La doctrina, entonces, es la gramática de la participación, una gramática que se revela progresivamente. Ya sea a través de la mirada del icono, la quietud de la oración, la mesa eucarística o la anhelante ascensión hacia el misterio divino, esta gramática participativa cobra forma en la vida de la Iglesia como una coreografía de gracia y transformación. Moldea no solo lo que la Iglesia piensa, sino también cómo ama y lo que anhela. Ordena nuestros sentidos no por restricción, sino por resonancia, sintonizando nuestra mirada con la belleza, nuestros oídos con la misericordia, nuestros cuerpos con la gracia. La doctrina encarnada se convierte no solo en la confesión de la Iglesia, sino también en su formación: una realidad que se revela progresivamente a través de las prácticas encarnacionales, iconográficas y comunitarias exploradas en esta sección, donde cada voz teológica contribuye a una gramática del amor divino encarnada, sacramental y pedagógica, una forma de estar en el mundo que refleja realiza y anticipa el futuro de Dios.

El conexionalismo y la práctica de la amistad

Partiendo de una visión sensorial y sacramental de la doctrina, llegamos a su consecuencia comunitaria: la doctrina como tejido social de la amistad divina. La doctrina no es una visión solitaria, sino una herencia compartida que moldea a un pueblo en una comunión viva. Conforma no solo los pensamientos de los individuos, sino también los afectos, las prácticas y las relaciones que constituyen el Cuerpo de Cristo. La doctrina es una gramática relacional, el discurso de una Iglesia que aprende a amar. Esta gramática se desarrollará con mayor profundidad en las voces teológicas que siguen, cada una contribuyendo a una visión pedagógica de la doctrina como encarnada, comunitaria y espiritualmente formativa en la figura del Dios Trino.

Desde sus inicios, la vida doctrinal de la Iglesia se forjó en comidas compartidas, historias recordadas, perdón mutuo y la distribución de los dones del Espíritu entre todos. En la tradición wesleyana, esta visión eclesial se concreta en el conexionalismo, una red de amistades santas unidas por la doctrina compartida, el apoyo mutuo y la misión. El conexionalismo no es una estructura jerárquica fija del episcopado, sino un contraste vivo con ella, que rechaza la autoridad rígida y verticalista en favor de una red de relaciones recíprocas formada por el Espíritu. Apunta a una forma de vida eclesial donde la autoridad emerge a través del discernimiento compartido, la vulnerabilidad y la responsabilidad mutua, encarnando la doctrina como una estructura formativa y pedagógica que moldea la vida comunitaria de la Iglesia. En lugar de consolidar el poder en el cargo, el conexionalismo lo distribuye mediante lazos de alianza de amor y misión, dando testimonio de la naturaleza contracultural de la comunión del Dios Trino.

A diferencia de los rígidos sistemas de gobierno y control eclesial, jerárquicos y verticales, que pueden oscurecer la naturaleza relacional de la Iglesia, el conexionalismo de Wesley apunta a una visión contracultural de la vida eclesial, marcada por vínculos horizontales de confianza vulnerable, discernimiento compartido y misión colaborativa. Se resiste al institucionalismo al encarnar el ritmo trinitario de dar y recibir, de mutua introspección y alegría compartida. De esta manera, la doctrina se convierte no solo en instrucción, sino en infraestructura, una arquitectura relacional que encarna la gramática de la amistad divina presentada al comienzo de esta sección. Este marco espiritual forma una comunidad que no se limita a expresar creencias, sino que las vive en mutua responsabilidad, confianza y amor. A través de la amistad, la doctrina edifica la Iglesia no solo en pensamiento, sino en las estructuras vividas de la gracia que reflejan la comunión trinitaria. La Iglesia, en esta visión, es una red de gracia, un entrelazamiento de amistades espirituales que reflejan la vida pericorética de la propia Trinidad.

Para John Wesley, la amistad cristiana no era algo periférico; era un medio de gracia, una conexión donde la doctrina se encarnaba en la vida cotidiana. La amistad era quizás el significado sacramental más auténtico, un medio visible por el cual encarnamos la verdad de que hemos sido creados como "transcripciones de la Trinidad" (Wesley). Esta metáfora sugiere que la Iglesia está llamada no solo a hablar de Dios, sino a reflejar y participar visiblemente en la amistad relacional y comunitaria que caracteriza la vida del Dios Trino. Así como una transcripción transmite el contenido de un original de otra forma, la Iglesia, mediante las prácticas de la amistad, refleja el amor pericorético del Dios Trino.

Este tema de la amistad tiene un peso tanto pedagógico como eclesiológico: la amistad se convierte en el medio contagioso por el cual la doctrina no solo se aprende, sino que se vive con alegría, formando una Iglesia cuya estructura misma da testimonio de la comunión divina en el amor perfecto de Dios. En las reuniones de clase, los festines de amor y la oración compartida, la doctrina no se enseñaba como teoría, sino que se vivía como confianza y disciplina relacional y vulnerable. Wesley comprendió que la formación cristiana se daba a través de comunidades animadas por el Espíritu de cuidado y corrección, alegría y sufrimiento. La doctrina fiel, como gramática del amor, no se imponía desde arriba, sino que se daba y se difundía a través de la amistad, moldeando el carácter mediante la vulnerabilidad y la hospitalidad compartidas.

El instinto teológico de Wesley se alinea con la profunda corriente trinitaria de la Iglesia, reforzando la visión central de este capítulo: la doctrina como relacional, encarnada y formativa dentro de la vida comunitaria de Dios. La Trinidad no es un enigma remoto, sino la estructura misma de la salvación, la vida de Dios derramada en comunión y fraternidad. La doctrina teológica, entonces, no es especulación sobre categorías divinas, sino la formación de las personas en la amistad divina. La Iglesia es una comunidad de participación relacional en la vida de Dios, y la amistad es uno de sus sacramentos principales.

La amistad es la ascensión del alma a la intimidad divina. La verdadera amistad lleva a la persona más allá del encierro en sí misma, expandiendo el corazón hacia la participación en el amor inagotable de Dios. La doctrina, en esta clave, se convierte en la coreografía de esa ascensión, el guion mediante el cual se enseña a las almas a moverse en armonía con el deseo divino.

De igual manera, el *De Trinitate* de Agustín sugiere que las relaciones humanas reflejan la vida interior de Dios. La amistad es teológica porque refleja la eterna entrega y recepción de la Trinidad. Para Agustín, la Iglesia está llamada no solo a confesar la Trinidad, sino a encarnarla, a convertirse en una comunión donde las personas, en amor, reflejen la vida divina en el deleite y la entrega mutuos.

Sin embargo, esta mutualidad debe protegerse de la distorsión. Las proyecciones jerárquicas de Dios deforman la vida de la Iglesia. La Trinidad no es una monarquía que pueda ser imitada, sino una mutua inhabitación de amor pericorético, y la Iglesia debe reflejar esto no con dominación, sino con una comunión y hospitalidad moldeadas por el Espíritu. La amistad eclesial es el antídoto contra la eclesiología autoritaria; es el ensayo de la libertad en el amor que caracteriza a la Nueva Creación.

La doctrina no debe servir como herramienta de exclusión, sino que debe formar comunidades de reciprocidad, donde cada voz y don se honre. La amistad, desde esta perspectiva, no es solo afecto, sino arquitectura eclesial de comunión, que encarna la gramática relacional de la doctrina presentada al inicio de esta sección. Da forma tangible a las convicciones teológicas de la Iglesia, convirtiendo el amor en estructura y la comunión en testimonio. La amistad que refleja la vida de la Trinidad es una expresión estructural del poder formativo de la doctrina para edificar el Cuerpo de Cristo a través de la mutualidad, la vulnerabilidad y la misión compartida. Construye el espacio en el que la verdad se expresa en amor, encarnando la visión inicial de la sección de la doctrina como arquitectura relacional, una gramática eclesial moldeada por la coreografía del Espíritu de santa amistad, donde las heridas se curan y la alegría se vuelve comunitaria.

Por eso, la doctrina, en esencia, se centra en cultivar afectos tanto como en forjar una gramática de la fe. Enseña a la Iglesia a vivir en el oikodome, la casa del amor Trino: una comunidad marcada por las comidas compartidas, el discernimiento mutuo, el perdón guiado por el Espíritu y la alegría reconciliadora. La doctrina no es un contenido abstracto para descargar; es el lenguaje de un pueblo que se santifica unido. A través de la amistad, la doctrina se encarna, revelando que la vida de Dios no se acumula en el cielo, sino que se difunde en los corazones de quienes parten el pan, llevan cargas y se bendicen mutuamente con amor.

La vida compartida de la Iglesia, sus amistades, sus conflictos, sus reconciliaciones, no son un mero eco de la vida trinitaria, sino una participación en la esencia misma de Dios. Las amistades que se forjan mediante la doctrina no son incidentales. Son signos sacramentales de la autocomunicación de Dios, expresiones encarnadas de la doctrina hecha carne.

Puente litúrgico-histórico: fuentes antiguas de fe sensorial

La vida encarnada y relacional de la doctrina, manifestada en amistades santas y comunidades moldeadas por el Espíritu, no surge aisladamente. Es el florecimiento de raíces profundas: la larga memoria de la fe de la Iglesia, vivida, no solo creída. Desde sus inicios, la doctrina cristiana se ha transmitido no solo en forma de credo, sino a través del culto encarnado, las prácticas sensoriales y la participación comunitaria. Estas prácticas encarnadas no son periféricas; son modos primarios de formación doctrinal, que representan la coreografía de la gracia mediante la cual la Iglesia aprende a moverse al ritmo del amor divino, moldeando la imaginación, los afectos y los hábitos de los fieles. En los gestos del culto, los ritmos de la liturgia y la belleza del arte sacro y la música, la Iglesia no se limita a expresar la doctrina, sino que la aprende, la habita y se forma por ella. La Iglesia antigua ofrece no solo precedentes, sino también fundamento teológico: por ejemplo, Ireneo de Lyon, quien escribió que "nuestra enseñanza está en consonancia con la Eucaristía, y la Eucaristía confirma nuestra enseñanza", fundamentando la doctrina en el culto encarnado: la doctrina no es una idea que se pueda comprender, sino una vida que se pueda vivir. Los Padres comprendieron lo que la Iglesia de hoy debe recuperar: que el culto a Dios es la tierra natal de la doctrina.

Desde las primeras generaciones, la salvación nunca se concibió como una huida del mundo material, sino como su transfiguración. Ignacio de Antioquía, camino del martirio, confesó en su *Carta a los Esmirneanos* (6-8) que la Eucaristía era el aglutinante de la unidad de la Iglesia, el lugar donde el

Cuerpo de Cristo, partido y entregado, reunía a los fieles en una sola comunión cruciforme. Para Ignacio, el cuerpo eclesial no solo recibía a Cristo resucitado; se convertía en su Cuerpo mediante el sacramento, manifestando el misterio de la doctrina en la liturgia de la vida.

Justino Mártir, en su *Primera Apología,* describe el culto cristiano como un evento profundamente encarnado: las Escrituras proclamadas en voz alta, las oraciones elevadas, el pan y el vino presentados, bendecidos y consumidos. No se trataba de un espectáculo ni de una devoción privada, sino de la participación en el Logos, una liturgia racional y sacramental donde la verdad de la doctrina no se diseccionaba, sino que se encontraba. Para Justino, la doctrina no se recitaba al margen del culto; se revelaba a través de él.

Los Padres Capadocios, especialmente Gregorio de Nisa, profundizaron en este tema. Gregorio consideraba la creación misma como sacramental, una visión mística que confirma la afirmación de este capítulo de que la doctrina adquiere una forma encarnada y sensorial. La creación no es materia neutra, sino un medio divino a través del cual el alma se ve atraída a una participación cada vez más profunda en el misterio de Dios; una visión que considera la doctrina no como una verdad aislada, sino como un viaje transformador y encarnacional en un mundo lleno de presencia divina, que lleva al alma más allá de sí misma hacia Dios. La vida cristiana puede entenderse como una ascensión incesante hacia el misterio, donde el cuerpo y sus prácticas no son barreras, sino instrumentos de transfiguración. El Espíritu no descarta la materia; la ilumina, santificando lo material como el medio mismo a través del cual Dios forma y comunica la vida divina. Esta afirmación respalda la afirmación más amplia del capítulo de que la doctrina no es abstracta ni cerebral, sino encarnacional y participativa, moldeada en las experiencias tangibles y encarnadas del culto, el sacramento y la comunión eclesial. La doctrina, en esta visión mística, no es un sistema abstracto, sino la ordenación del deseo hacia la belleza divina, un viaje de participación, no de posesión o control.

Estas voces patrísticas resuenan profundamente en la imaginación wesleyana. John Wesley no forjó un nuevo camino teológico, sino que revivió y recuperó el antiguo; como escribe en su sermón "El carácter de un metodista", su objetivo era revivir la esencia del cristianismo primitivo, arraigado en las prácticas y el espíritu de la Iglesia primitiva; caminó fielmente en los pasos del "cristianismo primitivo", revitalizando sus instintos sacramentales con el fuego del amor de Dios. Al igual que los Padres, Wesley creía que la gracia se media a través de lo tangible, que la doctrina fiel se aprende no por memorización sino por la oración, el canto, la comida y el tacto. Su teología de los medios de gracia fue una reanimación de la antigua convicción de la Iglesia: que el Espíritu santifica no solo el alma sino también los sentidos.

La sensibilidad litúrgica de Wesley refleja la visión de Agustín, ilustrando aún más cómo la comprensión doctrinal se forma no mediante la especulación abstracta, sino mediante la adoración que moldea los afectos y reordena el deseo en *las Confesiones,* donde el conocimiento de Dios surge de un corazón dispuesto a la adoración para cantar sus alabanzas. Agustín enseña que la verdadera comprensión no comienza en la especulación, sino en la humildad y la alabanza. Tanto para Agustín como para Wesley, la amistad con Dios y el prójimo no es un subproducto de la doctrina, sino su meta. Y esa amistad se nutre en los ritmos litúrgicos de la Iglesia, donde los corazones se reconfortan, los cuerpos se elevan y las mentes se renuevan.

Desde esta perspectiva, la teología wesleyana se presenta no como una innovación teológica que surge de la nada, sino como una herencia fiel. La doctrina de la Iglesia se encarna en el cuerpo santificado, donde la memoria se transforma en movimiento y la creencia (fe) en canto. Desde los primeros mártires y místicos hasta los himnos y las reuniones de clase del metodismo, la doctrina, como gramática de la fe, llena del amor de Dios, siempre ha estado arraigada en la vida sensorial de la Iglesia. Este patrón perdurable subraya la continuidad entre la teología patrística y la wesleyana, no como tradiciones divergentes, sino como una corriente compartida de formación encarnacional. La recuperación de prácticas antiguas por parte de Wesley no refleja innovación, sino recuperación, una fiel recreación de la comprensión inicial de la Iglesia: que la doctrina no es teoría abstracta, sino participación encarnada. Lo que los Padres practicaron en el incienso y el icono, lo que Wesley recuperó en la Eucaristía y la amistad, el Espíritu aún lo infunde en el Cuerpo de Cristo hoy.

La doctrina no se conforma con ser pensada; anhela ser cantada, orada en el silencio del corazón, ungida mediante gestos de sanación y compartida en la mesa eucarística, una gramática participativa del amor divino que encuentra su máxima expresión en la pedagogía del Espíritu de adoración, encarnación y comunión. En esta comunión de alabanza antigua y futura, la Iglesia recuerda hacia adelante, llevando su doctrina en manos alzadas en adoración, en corazones abiertos por el amor y en cuerpos unidos a Cristo vivo.

Iconos, música y liturgia: los dones sensoriales del Espíritu

La doctrina, cuando cobra plena vida, se hace visible en iconos, audible en la música y kinestésica en la liturgia; cada una expresión sensorial de la obra formativa del Espíritu en la Iglesia. Estas modalidades no son meramente estéticas; son pedagógicas, moldeando a los fieles mediante la participación encarnada en la verdad divina. Estas prácticas no son adornos de la teología; son su encarnación, centrales para la transmisión de la doctrina de la Iglesia a través del encuentro sensorial vivido, la propia gramática sensorial del amor divino del Espíritu. En ellas, la teología no solo se enseña, sino que se encuentra, se practica y se canta. Estas no son ilustraciones de la doctrina; son su forma de transmisión, moldeando no solo el pensamiento, sino también la imaginación, la memoria y el anhelo.

Iconos: Ver la Palabra Hecha Visible

La teología se plasma en la quietud de un icono. Los iconos hacen con el color y la luz lo que la Escritura hace con el lenguaje y la historia: encarnan la gramática participativa de la Iglesia, moldeando la imaginación teológica mediante el encuentro visual, así como la Escritura la moldea mediante la narrativa. Los iconos enseñan no solo representando, sino invitando al observador a la contemplación, convirtiéndose en ventanas pedagógicas a través de las cuales la doctrina no solo se ve, sino que se interioriza. Los iconos hacen visible el misterio del Verbo hecho carne. Al contemplar un icono, la Iglesia no se limita a observar, sino que asiste. El icono no representa la ausencia; revela la presencia. Entrena la mirada para percibir la realidad transfigurada: el mundo bañado por la luz divina. Aquí, el acto de ver se convierte en contemplación, y la imagen se convierte en una ventana al Reino.

En esta teología visual, encontramos ecos del misticismo de la mirada de Gregorio de Nisa, donde la contemplación no es estancamiento, sino movimiento. Los íconos no son meros artefactos históricos o estéticos; son portales a través de los cuales el Espíritu eleva el alma hacia la unión con Cristo. En este acto contemplativo de ver, el ícono moldea la percepción teológica, invitando al observador a atender, recibir y dejarse moldear por la belleza divina, lo cual se convierte en una pedagogía de la doctrina.

Música: Doctrina cantada al alma

Si los iconos son teología pintada, la música es teología respirada. La música sacra no es el trasfondo de la vida cristiana; es su pulso. Desde las antiguas cadencias del canto gregoriano hasta la fuerza poética de la himnodia wesleyana, la Iglesia siempre ha sabido que la doctrina cantada se convierte en doctrina recordada y doctrina deseada. La música moldea los afectos al integrar verdades teológicas en ritmo y tono, llegando al corazón mediante la repetición y la resonancia emocional, demostrando que cuando se canta la doctrina, esta se arraiga en la memoria y despierta el deseo, como se exploró anteriormente en este capítulo. De esta manera, el canto se convierte tanto en catequesis como en anhelo, la doctrina no solo se comprende, sino que se ama.

San Agustín, en *Confesiones* (Libro X) y *De Musica* (Libro VI), afirma que la música no solo deleita, sino que eleva el alma. Cantar, escribe, es una forma de oración intensificada, pues "quien canta, ora dos veces". La melodía y la métrica moldean la memoria, formando no solo el intelecto, sino también los afectos. Cuando la Iglesia canta la fe, alinea el corazón y la voz con la música del cielo. Himnos como "Amor divino, todos los amores sobrepujan" de Charles Wesley no son ornamentación, sino formación teológica en forma lírica.

La música también encarna el aliento del Espíritu. En el canto, la comunidad inhala del Espíritu la verdad, que es la energía del amor de Dios, y exhala del aliento del Espíritu una alabanza inagotable al Dios Trino. La Iglesia aprende a desear con rectitud cantando la belleza de la santidad. La doctrina, al cantarse o armonizarse, no pierde seriedad, sino que se encarna más profundamente, llegando a la imaginación mediante el tono y la cadencia, el ritmo y el estribillo.

Liturgia: Doctrina en movimiento

La liturgia es teología puesta en escena, una síntesis encarnada de íconos y música, que integra las dimensiones visuales y auditivas de la doctrina en el ritmo corporal de la gracia de la Iglesia, y una pedagogía encarnada mediante la cual la doctrina no solo se expresa, sino que se vive, integrando y expandiendo la formación teológica iniciada por los íconos y la música. Mientras que los íconos moldean la vista para ver la belleza divina y la música entrena los oídos para que el corazón anhele la verdad, la liturgia reúne estos sentidos en un ritmo sagrado de movimiento y palabra, enseñando a todo el cuerpo a vivir en el amor de Dios. La liturgia moldea la imaginación espiritual y los hábitos de amor de la Iglesia.

La liturgia es la coreografía de la gracia de la Iglesia, donde el cuerpo aprende la doctrina mediante el gesto, la postura, el silencio y el sacramento. Al arrodillarse para confesar, al ponerse de pie para proclamar, al cruzarse la frente con el óleo santo o al recibir la Eucaristía con las manos abiertas, la Iglesia realiza su teología, no de forma abstracta, sino corporal. La liturgia no es una mera acción simbólica; es la escuela de formación del Espíritu.

La liturgia es el espacio donde la doctrina trinitaria se convierte en una realidad relacional. La liturgia no solo proclama la Trinidad, sino que transforma al pueblo de Dios a su imagen. Es el ritmo que nos lleva a la circulación eterna del amor divino, manifestado mediante la Palabra y la mesa, la intercesión y la acción de gracias. La forma de la liturgia se transforma en la forma de la doctrina vivida. La liturgia es un encuentro estructurado con Dios.

Aquí convergen de nuevo las sensibilidades wesleyanas y patrísticas. La teología litúrgica de John Wesley, moldeada por la práctica cristiana antigua, estaba animada por esta misma convicción: que la gracia no solo se recibe en el pensamiento, sino en el movimiento y el canto, en el agua y el vino, en los ritmos regulares del culto comunitario. Para Wesley, arrodillarse ante la barandilla, cantar con la congregación, participar en las oraciones del pueblo, eran formas de formación doctrinal.

Una pedagogía sensorial del amor

Los iconos, la música y la liturgia constituyen el núcleo sensorial de la pedagogía cristiana. A través de la visión, la audición y la representación, moldean la percepción, la memoria y la encarnación de la doctrina en prácticas mediante las cuales se encarna, moldeando a la Iglesia para la comunión con Dios y la formación en el futuro de Dios. La doctrina se transmite no como datos, sino como deleite. Inscriben la teología en el cuerpo, la conmueven en el corazón y la hacen eco en la imaginación. La doctrina no es solo lo que la Iglesia afirma; es lo que la Iglesia ve, canta y representa, un lenguaje de fe moldeado en la inspiración del Espíritu y los gestos del culto.

Estas prácticas no son marginales. Son medios sacramentales de formación doctrinal. A través de ellas, el Espíritu transforma a la Iglesia en un signo vivo del futuro de Dios, moldeando el Cuerpo de Cristo para dar testimonio del Reino venidero de maneras encarnadas y comunitarias, donde el Espíritu enseña mediante la belleza, el movimiento y el sonido. La doctrina vive cuando se pinta con oro, se lleva a cabo en melodía y se traza en la señal de la cruz. En estos dones, el Espíritu no solo instruye la mente, sino que despierta el alma a la alegría de conocer a Dios.

La Iglesia como icono de la Trinidad

Todo esto —icono, música, liturgia, amistad, memoria— nos conduce a la vocación más profunda de la Iglesia: convertirse en icono vivo del amor Trino. Esta sección reúne los hilos sensoriales y sacramentales del capítulo en una síntesis eclesiológica, presentando a la Iglesia no solo como receptora de doctrina, sino como su expresión visible, un cuerpo formado por el Espíritu a través del cual la gramática del amor divino se vive, se manifiesta y se encarna en el mundo. La Iglesia no se limita a decir doctrina; la encarna. Tras rastrear las formas encarnadas de la formación doctrinal, nos dirigimos ahora al núcleo eclesiológico de estas prácticas: la Iglesia misma como comunidad formada por el Espíritu en la que la doctrina se hace visible, audible y relacional. Estas prácticas sensoriales y sacramentales no son fines en sí mismas. Convergen para formar la Iglesia como una pedagogía viva, una comunidad donde la doctrina se encarna, capacitando corazones y cuerpos para vivir al ritmo del amor divino. Son caminos formativos que llevan a la Iglesia a la comunión con el Dios que proclama.

Confesar la Trinidad es confesar que el ser mismo de Dios es comunión: Padre, Hijo y Espíritu Santo, eternamente unidos en un amor infinito y vulnerable. Esta vida divina no es una esencia estática, sino un intercambio dinámico: la alegre perichoresis de la entrega y la recepción. La doctrina expresa fielmente esta verdad, pero la Iglesia la pone en práctica. La Iglesia se convierte en icono de la Trinidad cuando vive este ritmo, perdonando, sirviendo, celebrando, reconciliándose y ofreciéndose por el mundo.

La Iglesia vive solo al participar de la vida del Dios Trino. La comunión no es opcional, es su ontología. Después de todo, el ser mismo de Dios es amor. Al reunirse, por inspiración del Espíritu, la Iglesia se convierte en sacramento de relacionalidad divina, encarnando el amor trinitario en la historia. Lo que Dios hace en la historia de la salvación revela quién es Dios eternamente. Si esto es cierto, entonces cada momento de comunión, cada acto de reconciliación, cada participación eucarística y cada amistad inculcada por el Espíritu, es una participación en la vida misma de Dios. La eclesiología, entonces, no es una rama separada de la teología, es doctrina en movimiento, doctrina como vida coreografiada por el Espíritu.

Catherine LaCugna describe a la Iglesia como el "icono viviente de la entrega de Dios". Así, la ortodoxia y la ortopraxis son inseparables: conocemos la Trinidad no a través de la especulación abstracta, sino al convertirnos en un pueblo cuya vida refleja la comunión divina. La Iglesia es icono solo en la medida en que vive como sacramento del amor de Dios, vulnerable, hospitalaria, relacional y gozosa. La doctrina correcta no se reduce a la precisión conceptual; es fidelidad relacional. La Iglesia no es simplemente la audiencia de la revelación de Dios, sino un escenario donde se desarrolla el drama de la redención. Participa en el drama divino del amor, donde la doctrina se despliega no como un monólogo, sino como una encarnación comunitaria, un guion encarnado en el culto, la misión y la mutualidad. La Iglesia no solo dice verdades sobre Dios; las pone en práctica, convirtiéndose en un signo visible de la historia trinitaria.

Esta representación no es una coreografía institucional, sino una transformación mística. El verdadero conocimiento de Dios no se logra mediante la precisión analítica, sino mediante la transfiguración gradual del alma en el amor, una ascensión mística a la belleza divina que refleja la afirmación de este capítulo de que la doctrina es un proceso dinámico y participativo. La Iglesia se convierte en la comunidad que se transforma junta, ascendiendo, mediante la doctrina como participación, a la vida misma de Dios, donde el amor moldea y sostiene toda formación, por así decirlo, hacia la vida de Dios. Su unidad no es principalmente estructural, sino sacramental, signo de su participación continua en la vida unitiva del Padre, el Hijo y el Espíritu.

Esta unidad no anula la diversidad, sino que la celebra, haciéndose eco de la visión trinitaria de la unidad en la diferencia, donde las personas distintas conviven en perfecta comunión. Esta visión teológica forma a la Iglesia para dar testimonio no mediante la uniformidad, sino mediante la fidelidad relacional, una doctrina encarnada en la armonía de la diferencia que refleja la mutualidad del Padre, el Hijo y el Espíritu. La Iglesia, entonces, no se unifica en amor unitivo mediante la conformidad institucional, sino mediante el don contagioso de la comunión, una comunión que refleja el amor mutuo y la distinción de las personas divinas. La doctrina, en este sentido, no es un sistema cerrado, sino una coreografía dinámica, el ritmo mediante el cual la Iglesia aprende a amar como Dios ama.

La santidad wesleyana es precisamente esto: amor perfeccionado en la comunión, doctrina formada en la gramática del amor, moldeada por el Espíritu, encarnada en el culto, la amistad y el testimonio de justicia de la Iglesia. Para Wesley, la santificación no es piedad privada, sino alegría compartida, una santidad que une al creyente con Dios, el prójimo y la creación en amor. La Iglesia santificada no solo refleja la Trinidad; participa de ella. En sus oraciones y amistades, en sus sacramentos y cantos, en su justicia y su misericordia, la Iglesia se convierte, en su carne y su fragilidad, en un icono vibrante de la danza eterna, radiante con la vida de Dios para la vida del mundo.

Revelación apocalíptica: Gimiendo hacia la gloria

Tras haber contemplado a la Iglesia como icono vivo del amor Trino, ahora debemos seguirla en el dolor del mundo. Esto marca un cambio de la eclesiología a la escatología, donde la doctrina pasa de la formación contemplativa en el Cuerpo al testimonio público en medio de las fracturas de la historia. El icono ahora se adentra en el lamento, llevando esperanza al gemido del mundo. La Iglesia no solo refleja la vida de Dios en vitrales y cantos sagrados; también da testimonio con lágrimas, cenizas y protestas. Ser icono es también ser testigo, vivir fielmente en una creación que gime, soportando las heridas de la historia al mismo tiempo que proclama la "esperanza de gloria".

El icono de la Iglesia está pintado no solo de oro, sino también de dolor. La doctrina, si es verdadera, debe aprender a gemir, una gramática de esperanza moldeada en el sufrimiento, en sintonía con el lamento y el anhelo, y hablando el dialecto de la gramática de resiliencia infundida por el Espíritu, una gramática de esperanza formada en el sufrimiento, que extiende la gramática participativa explorada anteriormente en este capítulo. Aquí, esa gramática está moldeada no solo por la belleza y la alabanza, sino también por el lamento, la protesta y la resiliencia infundida por el Espíritu, para hablar el dialecto del lamento, el anhelo y la esperanza resiliente. Debe hacerse eco del clamor de la creación misma, que, como escribe Pablo, gime con dolores de parto, esperando la redención. El Espíritu también gime con suspiros indescriptibles. En un mundo así, la doctrina no puede ser una especulación aislada; debe convertirse en valentía poética, nombrando tanto el resplandor como la ruptura, tanto lo ya como lo todavía no.

En su obra emblemática, *La imaginación profética*, Walter Brueggemann nos recuerda que la imaginación profética tiene sus raíces en el lamento, la poesía y la esperanza. La teología no es reflexión pasiva, sino resistencia imaginativa y formación generativa como discurso imaginativo, disruptivo y generador de esperanza, que re-percibe la realidad y evoca novedad, informa una visión más amplia de la doctrina no meramente como crítica, sino como formación escatológica creativa que no se trata de pronosticar eventos futuros, sino de re-percibir la realidad. Se atreve a ver lo que el imperio esconde, a decir lo que el imperio silencia. La visión profética genera esperanza al perturbar el entumecimiento y desmantelar falsas inevitabilidades. Invoca novedad en las ruinas. Cuando la Iglesia abraza esta vocación, la doctrina se convierte en discurso profético, ya no es un sistema defensivo del pasado sino una nueva canción en una tierra cansada, un lenguaje nacido en el lamento y sostenido por una alegría obstinada.

En este tono profético, Karl Rahner insiste en que la teología debe ser a la vez mística e histórica. No puede permanecer en las nubes; debe surgir del polvo, de la oración arraigada en las heridas y de la visión forjada en la cruz de la historia. La doctrina se vuelve fiel cuando soporta el peso de la historia y camina con el crucificado, rechazando tanto la negación como la desesperación. Los profetas de Israel, a quienes Rahner hace eco, no hablaron desde un punto de vista neutral. Como un icono moldeado por la luz del futuro de

Dios, los profetas vieron no solo lo que era, sino también lo que podría ser, nombrando la realidad desde la gramática del amor y la esperanza del devenir divino. Vieron desde el futuro, con la lengua encendida por el fuego divino, rompiendo la complacencia y llamando a un pueblo a despertar.

La doctrina se vuelve apocalíptica cuando desvela lo que está oculto, cuando, como el icono, revela la verdad divina no a través de La abstracción, sino a través de la participación, el sufrimiento y la esperanza. Así como el icono revela presencia mediante la forma y la luz, la doctrina apocalíptica revela la gloria bajo el dolor y la promesa bajo la ruina, otra forma de visión teológica mediante la cual la Iglesia aprende a ver el futuro de Dios irrumpiendo en el presente. A medida que la doctrina se vuelve apocalíptica, revela la gloria que se agita bajo la ruina, el Espíritu que respira bajo el silencio, el Dios que viene incluso ahora.

Esta no es una doctrina de escapismo, sino de perpetuo devenir. La escatología nos recuerda que el viaje del alma hacia Dios nunca termina, una visión que subraya la afirmación de este capítulo de que la doctrina siempre está deviniendo en Dios y nunca está completa hasta que todos estén reunidos en el amor divino. Su teología de transformación continua llama a la Iglesia a permanecer abierta a la sorpresa, siempre en sintonía con la gracia renovadora del Espíritu, siempre en expansión hacia la plenitud de la gloria.

Miroslav Volf llama a esta postura "abrazar la memoria", una forma de contener el sufrimiento sin venganza, de recordar de una manera que abre la puerta a la reconciliación y la justicia. La doctrina no debe ser utilizada como arma para preservar el statu quo. Debe convertirse en fermento de renovación, una visión de esperanza que fermenta en las fisuras de la injusticia, impulsando hacia el Reino donde todos son restaurados.

Esta doctrina evoluciona, no porque cambie la verdad de que Dios es amor, sino porque la obra dinámica del Espíritu renueva continuamente el lenguaje y la vida de la Iglesia. El Espíritu se aferra al corazón del Evangelio, preservando su esencia mientras renueva continuamente su voz para cada generación, al mismo tiempo que remodela su forma para cada generación, preservando su esencia mientras enciende nuevas expresiones de gracia y testimonio. Como el amor de Dios es inmutablemente fiel, el Espíritu que continúa derramando la energía de su amor sobre toda la creación no es estático. No es el conservador de reliquias de museo, sino la llama que transfigura palabras muertas en testimonio vivo. Respira a través de las grietas de nuestras formulaciones, en el silencio ante un ícono, en la intensidad de un himno, en el abrazo de la amistad, en el toque de aceite sanador, reavivando las verdades cansadas con un fuego fresco. El Espíritu revela una y otra vez lo que Cristo ya ha dado a conocer: que el amor no fallará y que la justicia aún es posible porque el fin de la justicia de Dios es siempre el amor.

En cada acto de desafío eucarístico, cada uno una forma de doctrina encarnada; en cada marcha de protesta que canta lamentos y rechaza la desesperación; en cada momento en que se arriesga la esperanza de nuevo, la doctrina se renueva. No se descarta, sino que se transfigura. En las manos del Espíritu, la Iglesia aprende a ver de nuevo, a hablar de nuevo, a gemir hacia la gloria, confiando en que incluso ahora, incluso aquí, el Reino está cerca.

La Eucaristía como memoria apocalíptica y futuro

La Eucaristía es donde se digiere la doctrina, donde la pedagogía participativa y sensorial del Espíritu alcanza su forma más íntima. En este acto de alimento compartido, la doctrina no solo se escucha o se ve, sino que se integra en el cuerpo, convirtiéndose en la gramática viviente de la gracia. Aquí, el tiempo se dobla y la eternidad se acerca: el sacrificio pasado se encuentra con la gloria futura, y el Cristo resucitado no es solo recordado como un acontecimiento, sino recibido como alimento, el banquete de la vida nueva e inagotable. En el pan partido y el vino derramado, la Iglesia no se limita a recitar creencias. Las come. Recibe en sí misma a Aquel que es verdad, comunión y vida.

En esta santa cena, la doctrina se vuelve presencia, no un concepto para ser analizado, sino una realidad para ser encontrada. No es abstracta sino encarnada: representada, recibida y compartida. Haciendo eco de la visión del capítulo de la doctrina como representación, esta presencia se convierte en un testimonio táctil del amor divino, pasado entre manos temblorosas y vivido en la comunión de los santos. La Iglesia recibe no un símbolo sino a Cristo vivo, quien se da a sí mismo una y otra vez, no para ser diseccionado, sino para ser saboreado, digerido y compartido. Como dijo célebremente Henri de Lubac, "La eucaristía hace a la iglesia". En este acto, la doctrina no se discute, sino que se ingiere. Cristo no solo es proclamado sino consumido. El Cuerpo de Cristo se convierte en lo que come: comunión para un mundo fragmentado.

En la Eucaristía, la memoria no es un mero recuerdo mental, sino una transformación sacramental. La Iglesia no solo recuerda a Cristo; es recordada en Cristo, unida a través del tiempo, el espacio y la diferencia en un solo Cuerpo moldeado por el amor. Esta transformación eucarística no es simplemente personal, sino eclesial, incluso cósmica. La identidad de la Iglesia es fundamentalmente eucarística: en la Mesa, el Espíritu reúne a los creyentes en el Cuerpo a través del tiempo y el espacio, haciendo visible la irrupción del Reino en la historia. La Mesa, entonces, no es un mero símbolo, es una revelación apocalíptica que refleja la visión de la revelación y la esperanza que suspira. Así como la doctrina apocalíptica revela la verdad divina a través del sufrimiento y la promesa, también lo hace la Eucaristía, revelando la irrupción del futuro de Dios en forma de pan partido y vino derramado. Aquí, la Iglesia no solo recuerda, sino que contempla el misterio revelado del amor de Cristo hecho carne por el mundo. La Eucaristía es el corazón escatológico de la doctrina encarnada. Es un apocalipsis, una revelación de lo que ya es verdad y, sin embargo, aún está por venir.

La Iglesia puede, como sugirió Hans Urs von Balthasar, ser concebida como un acto teodramático, y la Eucaristía como su escena culminante, donde la doctrina se convierte en representación, la teología en drama y el amor en alimento, un signo vívido de la pedagogía sensorial de la doctrina y la teología encarnada. En el drama litúrgico de

Palabra y Mesa, la Iglesia no solo habla de Dios; participa en la divina representación de la gracia. La Eucaristía es el escenario donde la vida trinitaria se representa en gestos de ofrenda, recepción y envío. En Palabra y Mesa, la teología se convierte en liturgia, el amor en alimento. Dentro de esta visión relacional, experimentamos la Eucaristía como la máxima expresión de la vida trinitaria compartida con el mundo. Es donde la teología se convierte en alabanza y donde el misterio divino se convierte en presencia que se entrega. La Eucaristía, en su visión, es el lugar donde la Iglesia es más verdaderamente ella misma: una comunión cimentada en el amor desbordante de Dios.

Y si la Eucaristía nos integra en la vida de Dios, también nos proyecta hacia su futuro. Karl Rahner llama a la Eucaristía el "verdadero símbolo" del futuro de Dios, no un sustituto, sino una actualización sacramental de la gracia. En esta cena, la Iglesia saborea no solo el perdón, sino también el futuro transfigurado: el mundo venidero irrumpiendo en el presente, el escatón ofrecido en una copa. La doctrina aquí ya no es teoría; es escatología comestible, un acto sacramental que recuerda el pasado de Cristo y anticipa su futuro prometido, uniendo a la Iglesia en la esperanza de la gloria como anticipo del mundo renovado. La Mesa no es la conclusión de la fe, sino su comienzo, el sustento de un pueblo que vive unido en la esperanza prometida de la Nueva Creación.

La Eucaristía no es un ritual estático, sino una ascensión dinámica. Es el alimento del alma en su peregrinar hacia la inagotable belleza de Dios. El pan y el vino no son la conclusión, sino el comienzo, el alimento de la peregrinación hacia el abrazo divino. La Eucaristía proporciona la gramática de la fe, una pedagogía moldeada por el Espíritu donde la doctrina se convierte en formación en la comunión, donde la doctrina se encarna, se pone en práctica y adquiere una carga escatológica. La Eucaristía no solo crea la Iglesia; forma su gramática de la fe. Aquí, el Espíritu reúne memoria, cuerpo y esperanza en una santa comunión. La doctrina se convierte en la esencia del sacramento: verdad ingerida, gracia rota, esperanza encarnada. En la Mesa, la Iglesia se reforma de nuevo en el icono del mundo venidero.

Confesar la doctrina, entonces, no es simplemente articular la verdad sino habitarla, formada por la mesa eucarística y moldeada por la gracia en una confesión vivida que encarna lo que se ha recibido en la mesa eucarística, donde la doctrina se convierte en la expresión culminante de la pedagogía formada por el Espíritu, sacramentalmente promulgada que moldea a la Iglesia para el futuro de Dios. Confesar es vivir en la verdad, formada por la gracia y nutrida en la comunión, donde la creencia no solo se proclama, sino que se realiza. Es la coreografía de vida santa del Espíritu, interpretada en amistades, sacramentos, música, liturgias y testimonio. Es una gramática de comunión que enseña al Cuerpo a ver, servir y cantar al mundo en la posibilidad transfigurada.

Formada por la memoria, corregida en el amor, practicada por los sentidos y realizada en la esperanza eucarística, la doctrina se convierte en la confesión viva de una Iglesia en peregrinación. Es el canto de los santos y la educación del alma. Del icono pintado al himno susurrado, del pan compartido a las lágrimas compartidas, la Iglesia vive la doctrina no por abstracción, sino por encarnación, convirtiéndose en lo que profesa.

Cuando la doctrina respira, forma discípulos que son iconógrafos de la gracia, artesanos de la esperanza y participantes del Amor Trino de Dios desde la eternidad hasta la eternidad.

Conclusión: La doctrina como coreografía del amor del Espíritu

Tras haber descrito la Eucaristía como el lugar culminante de la doctrina encarnada, reafirmamos ahora: la doctrina, en su esencia, no es un sistema para memorizar, sino una vida para vivir, una gramática de la gracia nutrida por el sacramento y moldeada por la alabanza que forma a un pueblo a semejanza de Cristo. En este capítulo, hemos analizado el poder formativo de la doctrina, no como una teoría abstracta, sino como una pedagogía moldeada por el

Espíritu que educa a la Iglesia en la fe, la esperanza y el amor. La doctrina nace en la memoria y se desarrolla en el testimonio encarnado; canta a través de la música sacra, resplandece en los iconos, se mueve en la liturgia y encuentra su plenitud en la mesa eucarística.

A lo largo de este recorrido, hemos visto que la doctrina no es un conjunto estático de verdades. Es una participación dinámica en la vida entregada del Dios Trino. La Iglesia se convierte en icono de esta vida divina, no por una declaración perfecta, sino por una formación fiel, aprendiendo a perdonar, a acoger, a cantar, a servir y a sufrir juntos con esperanza. La doctrina se encarna al forjar amistades, despertar el deseo y preparar a la Iglesia para ser una ofrenda santa para el mundo.

También hemos afirmado que la doctrina debe gemir con la creación, debe lamentarse, protestar y esperar en medio de las fracturas de la historia. La verdadera doctrina es profética y apocalíptica, no una desviación de la gramática de la Iglesia, sino su desarrollo a través del tiempo, inspirado por el Espíritu. Es fiel a la esencia del amor autorrevelador de Dios, pero siempre habla de forma nueva ante las crisis, los lamentos y los anhelos de la historia. La doctrina fiel no solo responde a las heridas de la historia, sino que revela el futuro redentor de Dios mediante un testimonio imaginativo y la esperanza; desvela la gracia oculta; resiste la desesperación y abre un futuro no creado por nosotros, sino por la promesa de Dios. Se atreve a iluminar la sombra e invita a la Iglesia a encarnar el Reino venidero incluso ahora.

Y en la mesa eucarística se unen todos estos hilos. Memoria y cuerpo, icono y canto, liturgia y amistad, cada uno entretejido en un todo sacramental. Aquí la Iglesia no solo recuerda, sino que promulga la doctrina como esperanza encarnada y testimonio comunitario, donde la gramática del amor divino se rompe y se comparte para la vida del mundo. Aquí, memoria y futuro se besan; aquí, la doctrina se rompe y se comparte, volviéndose de nuevo el testimonio encarnado del amor, la doctrina hecha carne. El Espíritu hace que la teología sea comestible, comunitaria y radiante. La Iglesia no solo recuerda a Cristo; se re-memoriza en Cristo, volviéndose lo que recibe: amor derramado para la vida del mundo.

La doctrina, entonces, no es posesión de la Iglesia, sino su vocación, la pedagogía formada por el Espíritu y practicada sacramentalmente que la prepara para vivir en el futuro de Dios. Es la coreografía del Espíritu de una vida santa, una vida que resuena con la música del cielo en las calles de la tierra. Se vive no en aislamiento, sino en comunión; no a través de la especulación, sino a través de la encarnación; una vida formada en iconos y Eucaristía, en amistad y testimonio, en canto y sacramento. Forma discípulos que ven con los ojos de la misericordia, cantan con la voz de alabanza, sirven con las manos de Cristo y viven al ritmo del amor Trino.

Esta es la doctrina hecha carne. Esta es la formación para el futuro de Dios.

Capítulo seis
Doctrina en la naturaleza
La gramática fiel del amor en un mundo fracturado y el futuro de Dios

Como John y Charles Wesley han descrito a menudo, somos "transcripciones de la Trinidad" (Wesley). Formados por esa imagen del amor Trino, somos enviados a la naturaleza como Moisés y Jesús, por orden del Espíritu, a escribir nuestras historias de fe con la gramática del amor de Dios, ya grabada en la estructura del universo como la Sabiduría del Creador, para la vida del mundo. No solo nuestro futuro y toda la creación dependen de esta fiel narración en desarrollo de la irrupción de la Nueva Creación, sino que el futuro de Dios está entrelazado con nuestras sorprendentes narrativas de fiel testimonio y esperanza escatológica. Cuando nuestra(s) doctrina(s), nuestras historias de fe se materializan en la naturaleza, entonces escribimos la gramática del amor de Dios con el anhelo de la creación que prepara el futuro de Dios y el nuestro en la Nueva Creación.

Mientras toda la creación gime por ver el rostro de Dios, el Espíritu suspira profundamente por la imaginación plena de la creación. Si seguimos escuchando al Espíritu, oiremos desde lo más profundo que todo estará bien, incluso en la oscuridad, y que Dios siempre está en casa, invitándonos a la presencia divina a través de la quietud y la entrega. El Creador Trino anhela con anticipación y deseo contemplar el "nuevo rostro" de Dios brillando en la faz de toda la creación. Así es como aprendemos a escribir nuestras historias de fe en la naturaleza, con la gramática del amor infinito y vulnerable de Dios. Esta es una doxología escrita en cada rincón de la creación hasta el "fin de la Nueva Creación" (Charles Wesley), que es tan infinita y eterna como el amor infinito y vulnerable que es Dios.

Enmarcando el capítulo
El futuro que nos llama

Este capítulo final une los hilos de la memoria, la encarnación y el testimonio público en una visión de formación eclesial basada en la esperanza. La Iglesia no se limita a recordar la doctrina ni a practicarla en la práctica, sino que se deja moldear por ella para modelar el futuro de Dios, moldeado con precisión a través de los contextos impredecibles donde la fe se pone a prueba y el amor debe actuar. La doctrina, encarnada en la vida de la Iglesia, se convierte en un camino de madurez espiritual, discernimiento comunitario y misión en un mundo fracturado, marcado por la dislocación cultural, la crisis ecológica y la inestabilidad política.

Hablar de formación es preguntarnos: ¿cómo moldea la doctrina en quiénes nos estamos convirtiendo? ¿En qué tipo de personas nos estamos convirtiendo las historias que repasamos, los sacramentos que recibimos y el testimonio que damos? Esto no es meramente una preocupación pastoral, sino un imperativo teológico. Porque la doctrina, si es verdadera, no es estática sino dinámica; nos impulsa hacia la vida del Dios Trino, hacia la renovación de todas las cosas.

La Iglesia, por tanto, no solo debe estar arraigada en la memoria y ser resiliente en el testimonio, sino también animada por la imaginación escatológica. No es la guardiana de viejas verdades, sino el crisol donde se ensaya anticipa y vive la nueva creación; un crisol encendido por la primera luz de la resurrección y moldeado por la promesa del Espíritu de que todas las cosas serán renovadas. El Reino de Dios no es una metáfora vacía. Es un futuro que ya ha comenzado, un futuro cuya primera luz ya ha amanecido en la resurrección de Cristo.

La doctrina vivida en la naturaleza no solo es fiel al pasado, sino también profética hacia el futuro prometido por Dios. Se arraiga en la memoria y resucita en la esperanza, caminando hacia la Nueva Creación donde todo se renueva. Si la memoria es el suelo de la Iglesia y encarna su florecimiento, este capítulo traza su fruto: una doctrina vivida en público, en el dolor, en el pluralismo y en la perseverancia.

Este es el desbordamiento misionero de la tradición que ha sido recordada y transfigurada. Es el camino que toma la doctrina cuando abandona el santuario y se adentra en los parajes naturales del mundo. Esto no es una desviación de la ortodoxia, sino su expresión más auténtica, pues el Dios Trino es amor abundante y efusivo. El Padre envía, el Hijo encarna y el Espíritu empodera. La Iglesia, moldeada por esta coreografía divina, es enviada a la naturaleza, no para dominar el mundo, sino para habitarlo fielmente; no para escapar del mundo, sino para interactuar con él. La doctrina, para ser fiel, debe moverse con esta misma energía centrífuga del amor. El gemido de la creación depende de nuestra fiel gramática del amor que aprende de la esperanza escatológica, es decir, de la esperanza plasmada por el futuro prometido por Dios, que irrumpe en el presente a través de la resurrección y nos impulsa a vivir como si la nueva creación ya estuviera en marcha.

La doctrina en la calle: la fe pública en una época fragmentada

¿Dónde se podría llevar la doctrina hoy? ¿Quién necesita escuchar la buena nueva no en el debate sino en el pan, no en la discusión sino en la presencia? ¿Qué sucede cuando la doctrina sale del santuario? ¿Cuando sale de la nave hacia un mundo desgarrado por la injusticia, el consumismo, la violencia y la desesperación? La doctrina que se canta en la liturgia debe vivirse en el mercado. No puede limitarse al eco del santuario. Para ser verdadera, debe ser transformada.

La doctrina en la calle no está desprovista de reverencia, sino imbuida de urgencia. Se convierte en teología vivida, una fe pública que habla con ternura y audacia en las fracturas de la experiencia humana. Proclama a Cristo no como una abstracción, sino como el crucificado y resucitado que camina junto a los hambrientos, los oprimidos y los cansados. No es una doctrina desligada del misterio, sino una doctrina encarnada en la misericordia. La doctrina profética no es un arma, es una herida, nacida del amor por la verdad y la Iglesia, a la que busca sanar.

La verdadera doctrina nace no de la conquista, sino de la *kénosis*, del vaciamiento que da cabida a Dios en el alma. Esto resuena con el himno a Cristo de Filipenses 2, donde Cristo se vacía de amor radical. En la vida cotidiana, esta doctrina kenótica se convierte en una presencia que escucha antes de hablar, acoge antes de advertir y camina junto a los demás en lugar de ir delante. Esta teología contempla la fragilidad del mundo a la luz de la paciencia divina, sin huir de ella, sino soportarla con radiante confianza. Esta confianza radical en el amor divino resuena profundamente con la visión de la doctrina en la naturaleza, como una gramática del amor que persiste a través del caos, dando testimonio de la fidelidad escatológica de Dios incluso cuando la historia parece fatalmente destrozada.

En un mundo cada vez más dominado por la ideología y los eslóganes polarizadores, la doctrina puede degenerar en una mera seña de identidad, un símbolo de pertenencia tribalista o un arma de exclusión del apartheid eclesial. Pero la doctrina fiel resiste ese impulso. Da testimonio de una lealtad más profunda: al Dios Trino, cuyo amor supera el tribalismo, el nacionalismo y el reduccionismo. La Iglesia debe aprender de nuevo a hablar no con armas, sino con heridas; a no dominar, sino a habitar, siguiendo el testimonio no violento de Jesús, quien soportó el sufrimiento sin represalias y ofreció paz en el mismo lugar de la violencia.

Este tipo de doctrina pública no se apresura a explicar; escucha. No abruma; acompaña. Reconoce que la verdad no es simplemente algo que se afirma, sino algo que se comparte, encarna y practica en comunidad. La doctrina, entonces, no es simplemente lo que la Iglesia proclama para sí misma con seguridad; es lo que sufre en solidaridad por la vida del mundo.

La Iglesia que lleva el nombre de Cristo debe seguir ese modelo: proclamar la fe en público no como ideología, sino como amor hecho visible. Proclamar a Cristo en esta era es encarnar la doctrina con valentía y compasión en el ámbito público. Es decir, con palabras y gestos: el Reino Amado de Dios está cerca, incluso aquí, incluso ahora.

Por "Reino Amado de Dios" nos referimos a la espaciosa realidad, nacida del Espíritu, que surge de las cenizas del exilio y la muerte, un hogar divino de justicia y alegría. Este es el oikodome, la morada amplia y generosa de Dios, el makom de la imaginación hebrea y la promesa de Cristo: no solo un espacio físico, sino una revelación del amor expansivo y vulnerable de Dios. La Iglesia, como Cuerpo vivo de Cristo, es a la vez promesa y presencia de este reino, donde cada extraño es pariente, cada herida se convierte en testigo y toda la creación se reúne en la casa de Dios, renovada, reconciliada y resucitada. Amén.

La cruz en el mercado: sufrimiento y solidaridad

La doctrina encarnada nunca es abstracta. Recorre el camino de la cruz. En el mercado del poder, el espectáculo y el egoísmo, el testimonio cristiano debe llevar la marca del Crucificado. Para que la doctrina tenga algún significado en público, debe ser cruciforme: moldeada por el amor sufriente, marcada por la vulnerabilidad e impulsada por la misericordia.

El mercado en el mundo antiguo no era simplemente un centro de comercio; era la sede del discurso público, el espectáculo político y el control imperial. Fue allí donde Jesús fue exhibido, ridiculizado y condenado. La plaza pública siempre ha sido un espacio de visibilidad y juicio. Expresar doctrina allí implica arriesgarse a la exposición, la incomprensión y, a veces, al rechazo. Pero también es el espacio donde Dios ya ha estado.

Los místicos hablan de este movimiento descendente, hacia el ocultamiento, la pérdida y la solidaridad divina. El Cuerpo de Cristo, partido y compartido en el santuario, debe conducir al Cuerpo de Cristo, llevado y partido en el mundo, una *missio eucarística,* que invita a la Iglesia a convertirse en lo que recibe y a arriesgar lo que proclama. La doctrina, moldeada por la Mesa, prepara a la Iglesia para ser derramada. No es solo lo que se dice en la comunión, sino lo que se arriesga en la comunidad.

La cruz en el mercado no es solo una confrontación con los poderes del mundo, sino también un encargo, animado por la teología mística que impulsa la acción pública profética. Ofrece un modelo de santa valentía. Las voces de los místicos nos recuerdan que la doctrina, moldeada por la profundidad contemplativa, se convierte en encarnación profética, una verdad que camina llora y hiere en amor por el mundo. Conecta con los poderes del mundo y nos encomienda a la obra de la paz, la justicia y la misericordia. Cuando la doctrina se moldea por el amor sufriente, se convierte en una gramática pública de sanación. El Cuerpo de Cristo, partido y derramado, no es un mero símbolo, sino el modelo de una Iglesia dispuesta a ser quebrantada por la vida del mundo. Aquí es donde la teología pública encuentra su poder: no en la preservación institucional, sino en el testimonio cruciforme, formado por la gramática eucarística del amor oblativo y la esperanza pública. Al avanzar hacia el gemido y la gloria de la creación, llevamos adelante una doctrina que se atreve a llorar, caminar y obrar en amor. El mercado se convierte en el punto de encuentro de la gracia. La calle, en un lugar sagrado, nos prepara para la voz de la creación que clama con la esperanza del nuevo nacimiento.

La creación como catequesis: discipulado ecológico
Práctica espiritual: Discipulado terrenal

Una vez a la semana, sal sin agenda. Deja el teléfono. Deja los libros. Escucha durante una hora la liturgia del mundo: el canto del viento, el himno de las hojas, el sermón silencioso de la piedra y el cielo. Respira el aire como una bendición. Toca la tierra como algo sagrado. Que la doctrina se escuche no solo en los credos, sino en la sinfonía de la creación. Luego, regresa a tu vida transformada, no por encima del mundo, sino dentro de él. No al margen de la creación, sino como parte de su alabanza.

Reflexión teológica: La creación, primer sacramento

La creación no es solo nuestra morada; es nuestro primer catecismo, el terreno sagrado donde aprendemos a amar, a confiar y a contemplar. Antes de los credos, había ríos. Antes de las doctrinas, había estrellas. La tierra no es solo nuestro hábitat, es el primer sacramento de la creación de

Dios, el lugar donde la presencia divina late a través de las hojas y la luz, la tierra y el cielo. La doctrina cobra vida cuando se arraiga en este suelo sagrado.

San Buenaventura describe la creación como el espejo y la huella (*vestigium*) de la Trinidad. Cada criatura, enseñó, refleja la belleza divina y revela un camino de ascensión al corazón de Dios. Esta cosmología sacramental invita a una forma de conocimiento participativa y contemplativa, una ascensión que comienza en el asombro y conduce a la unión. Así, el mundo no distrae de la teología, sino que es su fundamento y su invitación.

Juliana de Norwich reflexionó una vez sobre una simple avellana, una imagen que, al vincularla con la imaginación eucarística, revela cómo incluso la criatura más pequeña participa de la plenitud del amor y el sustento divinos que se le mostraron en una visión. Al sostenerla en su mano, escucha a Dios decir: "Perdura y durará para siempre, porque Dios la ama". Todo el cosmos se sostiene en la gracia íntima y sustentadora de Dios. Nada es demasiado pequeño para ser sagrado. La creación misma es doctrina susurrada en verde y oro.

La creación no es un texto estático, sino una maestra viva, que refleja la sabiduría, el poder y la bondad del Creador y, al igual que la doctrina, habla con una gramática dinámica, en constante desarrollo hacia una comunión más profunda con lo divino. El cosmos no está cerrado ni terminado, sino en perpetuo movimiento, una epektasis o ascenso infinito, que atrae a toda la creación cada vez más profundamente hacia la belleza inagotable de Dios. Esta visión de la creación como escuela de amor y misterio sugiere que la doctrina también debe permanecer dinámica y abierta, formada mediante el discernimiento contemplativo y el encuentro ecológico con el mundo que Dios sustenta con tanto amor. Abrazar esta visión es reconocer que la doctrina fiel no está congelada en el tiempo, sino que se mueve con el aliento del Espíritu por el mundo viviente, guiando a la Iglesia hacia una participación cada vez más profunda en la vida divina.

El Salmo 19 proclama: "Los cielos proclaman la gloria de Dios; el firmamento proclama la obra de sus manos".

Romanos 8 nos dice que la creación gime con dolores de parto, esperando la manifestación de los hijos de Dios. Estas no son metáforas, sino recordatorios de que el mundo natural es a la vez sacramental y escatológico, signos que revelan la presencia divina y su cumplimiento futuro. La Iglesia no puede profesar la fe en el Creador ignorando el clamor de la creación. Hacerlo es separar la ética sacramental de la fidelidad ecológica, pues el modelo eucarístico ya establecido en el culto nos obliga a atender el sufrimiento y la redención de toda la creación como parte integral del testimonio fiel de la Iglesia.

Un discipulado ecológico no es una preferencia política, sino una postura espiritual. Significa vivir ahora como si la nueva creación ya estuviera surgiendo, porque así es. Significa tratar la doctrina de la creación no como una doctrina distante del origen, sino como una gramática activa del amor inscrita en la estructura de los bosques, las mareas, las nubes y las criaturas. Es escuchar el mundo no como ruido de fondo, sino como testimonio divino.

Reclamar nuestro lugar en la creación no significa elevarnos por encima de ella, sino arrodillarnos en ella. La creación no es un escenario para la salvación; es un compañero en la historia de Dios. Cuando bendecimos la tierra, protegemos las aguas y escuchamos el viento, no solo administramos recursos, sino que también participamos en la renovación divina de todas las cosas. Esta administración no es accesoria a la salvación; está ligada al futuro de Dios y al nuestro.

Al cuidar la creación, ensayamos nuestra esperanza: que el mismo Espíritu que se cernía sobre las aguas en el Génesis sigue insuflando nueva vida a un mundo que gime. De esta manera, la creación no solo señala a Dios, sino que nos sitúa dentro de su canto y vida en desarrollo. La Creación es la manera en que Dios es Dios, una expresión que encuentra eco en la visión teológica de Buenaventura, quien vio toda la creación como *vestigium Dei,* y de Juliana de Norwich, quien vio el amor divino sustentando incluso una avellana. La creación y el Creador están indisolublemente unidos, no por necesidad, sino por la gracia desbordante de un amor infinito y vulnerable.

Los árboles y las mareas, las estrellas y la tierra, forman parte de una liturgia viva, que proclama tanto la bondad de los comienzos como la cercanía de un futuro redimido. La doctrina fiel, la gramática del amor del Creador y la alegría por la bondad de la creación, arraigada en este suelo sagrado, se convierte en una forma de testimonio escatológico, haciendo eco de Romanos 8 y de la creación continua del Espíritu, y en este suelo sagrado se convierte en un testimonio vivo de la esperanza de que la creación misma se transfigurará en amor.

Doctrina encarnada en todas las culturas

La doctrina no nos llega en un solo idioma, melodía o piel; brota de la generosa hospitalidad de Pentecostés, revelación de la plenitud relacional de la Trinidad que abraza la diferencia sin disolver la comunión. La diversidad cultural, en este sentido, refleja la propia polifonía de la creación, haciendo eco de la variada belleza del mundo que Dios creó y ama. Surge de Pentecostés, un milagro de múltiples lenguas, múltiples oídos, múltiples corazones. La Iglesia es católica no por su uniformidad, sino por su amplitud, lo suficientemente amplia como para acoger y enriquecerse con las múltiples maneras en que la fe se encarna en el mundo.

Pentecostés, como se describe en Hechos 2, no es simplemente el origen de la proclamación cristiana, sino la validación divina de la particularidad cultural. El Espíritu habla en las lenguas nativas de todos los reunidos. La doctrina, desde su primer aliento, es multilingüe, polifónica y encarnacional. Lo que no se asume no se sana, lo que enfatiza que la obra redentora del Espíritu penetra plenamente en la escandalosa particularidad de la cultura, sanando desde dentro. La Palabra se hace carne de nuevo en todo tiempo y lugar, subrayando que la sana doctrina, la fiel gramática del amor, no es monolítica, sino que debe encarnarse y contextualizarse continuamente. Estas primeras percepciones teológicas revelan que la fidelidad doctrinal requiere una encarnación cultural; conectan la revelación divina con el tejido dinámico y vivo de la diversidad humana. La doctrina no exige uniformidad; celebra la comunión en la diferencia. ¿Qué sería del amor unitivo de Dios sin la diferencia?

Cada aspecto de la creación, cada rostro, cada cultura, cada lengua, cada partícula, revela una faceta oculta de Dios. No somos simplemente vecinos; somos parientes de todo lo que existe, desde el polvo de estrellas hasta la tierra, desde el aliento hasta la rama. Nuestra pertenencia trasciende especies, elementos y épocas; una comunión no solo de la humanidad, sino de todo lo que participa en la danza de la creación.

La doctrina debe ser lo suficientemente amplia como para dejar lugar a este parentesco radical, una gramática de la gracia lo suficientemente capaz como para resonar en cada parte de la realidad, uniendo el cosmos en un único coro sagrado de pertenencia.

José Míguez Bonino, hablando desde el corazón de la teología de la liberación latinoamericana, hace eco del testimonio profético de Amós e Isaías al declarar que "la teología en Latinoamérica comienza con el clamor de los pobres". Por lo tanto, la doctrina debe rendir cuentas no al imperio ni a la abstracción, sino a las experiencias vividas de quienes sufren. El evangelio suena diferente entre los oprimidos, y la doctrina, si es fiel, escuchará su clamor.

John Dominic Crossan, en *Dad al César lo que es del César*, nos reta a releer las Escrituras no desde una perspectiva imperialista, sino desde la perspectiva del crucificado. En su lectura, la declaración de Jesús "Dad al César lo que es del César" no es un llamado a la ciudadanía pasiva, sino una crítica profética de la maquinaria violenta del imperio. La doctrina, en todas las culturas, debe ser honesta sobre sus complicidades históricas y valiente en su reinterpretación liberadora. De lo contrario, la doctrina funcionará como la ley que condujo a la muerte de Jesús, obstruirá la justicia de Dios y no será la fe que habla con la gramática del amor de Dios.

Encarnar la doctrina en un mundo multicultural es renunciar al control y abrazar la comunión. Ninguna cultura agota la verdad del evangelio, pero cada una aporta una faceta de su plenitud. Esta es la doctrina pentecostal, hablada en muchas lenguas, impulsada por el viento y el fuego, moldeada por el fuego y llena del Espíritu, que anuncia que la verdad de Dios resuena en cada voz dispuesta a cantar la gracia al mundo. Es la Iglesia aprendiendo de nuevo lo que significa ser una, santa, católica y apostólica, no en la uniformidad, sino en el asombroso mosaico del amor.

La doctrina encarnada en diferentes culturas implica reconocer que la teología se viste de forma diferente en diferentes lugares. Baila a ritmos diferentes, se nutre de cosechas diferentes, se lamenta en rituales diferentes y canta en diferentes tonos. Esto no es relativismo; es pluralidad reverente, una postura que honra la diversidad cultural a la vez que defiende la integridad teológica del evangelio. Es la convicción de que el Espíritu no clona, sino que crea. La doctrina, entonces, no es un conjunto estático de ideas impuestas al mundo, sino una tradición viva entretejida a través de testimonios globales de gracia.

Ser fiel a la doctrina en esta era es practicar una Iglesia que escucha, una Iglesia que aprende como enseña, recibe como da y llora en lenguas que no son las suyas. La gramática del amor de Dios debe expresarse con múltiples acentos, anticipando la unidad en la diferencia de la Nueva Creación, una visión pentecostal donde la diversidad no se borra, sino que se cumple en la alabanza compartida, moldeada por múltiples historias y cantada en múltiples tonos. Este es el sonido de Pentecostés que aún resuena en el mundo. Esta es la música vibrante de la comunión divina.

Hacia una teología de la resiliencia encarnada

En una época de agotamiento, ansiedad y fragmentación, la Iglesia está llamada no solo a encarnar la esperanza, sino a sostenerla. La doctrina en la naturaleza debe ser más que declarativa; debe ser resiliente. Debe nutrir el alma en épocas de sequía, sostener la justicia en lugares hostiles y mantener unidas a las comunidades cuando la vida eclesial se deshilacha y los lazos sociales se desmoronan, cuando el centro ya no se sostiene.

La resiliencia encarnada no es negarse a sentir fatiga. Es la gracia de levantarse de nuevo cuando la canción flaquea y la luz se apaga, fortalecidos por el Espíritu que nos sostiene el aliento, nos devuelve las fuerzas y nos acompaña en las sombras. No se basa en la determinación humana, sino en la fidelidad divina. Se nutre del Espíritu que gime en nosotros y de la fuerza de Aquel que cargó con la cruz y resucitó con cicatrices.

Esta resiliencia canta lamento y aleluya al mismo tiempo. Enseña a la Iglesia a caminar con los lentos, a descansar con los cansados, a lamentarse con los que lloran y a actuar con santo desafío contra toda forma de muerte.

La Eucaristía, bajo esta luz, se convierte en nuestro currículo de resiliencia: una mesa donde la herida no se oculta, sino que se recoge; donde la justicia se recuerda no solo con palabras, sino al compartir el pan y la copa. Aquí, la Iglesia practica la gramática de la supervivencia, no como un retiro del mundo, sino como una preparación para reincorporarse a él con la valentía moldeada por la comunión.

De este ensayo eucarístico surge una mayor capacidad de madurez doctrinal. La doctrina, forjada en este horno de amor, no se convierte en un dogma frágil, sino en una fidelidad flexible, formada por la comunión, puesta a prueba en el sufrimiento y receptiva a la pluralidad cultural. Encarna la gramática evolutiva de la fe, que perdura no por su rigidez, sino por su capacidad de amar fielmente en contextos cambiantes y fragmentados, capaz de doblegarse ante el dolor, perseverar en la alegría y soportar el peso de la fragilidad del mundo sin desmoronarse. Esto no es minimalismo doctrinal; es madurez doctrinal. Es lo que sucede cuando el amor se aprende en la adversidad y se expresa a través de las heridas.

Ser resiliente no es solo perseverar, sino amar una y otra vez. Confiar en que lo que se siembra en debilidad resucitará en gloria. Pronunciar el nombre de Jesús no como un eslogan, sino como un aliento compartido en la comunión de los santos, la comunidad de los que sufren y la compañía de quienes aún creen que el mundo puede ser renovado.

Esta es la gramática salvaje de la esperanza de la resurrección. Esta es la doctrina, que aún respira, aún arde, aún se hace carne.

Así pues, pasamos ahora de la visión a la vocación. Tras rastrear el movimiento del Espíritu a través del desierto y las heridas, nos detenemos para preguntarnos: ¿cómo vivir, encarnar y practicar la doctrina en medio de las fracturas de nuestro mundo? ¿Cómo se manifiesta esta gramática de la esperanza al expresarla con nuestras vidas? Lo que sigue son invitaciones al discernimiento, a la práctica y a la alabanza, maneras de encarnar la doctrina que hemos recibido en las liturgias cotidianas del amor.

Practicando la doctrina en la naturaleza: una praxis conexional del amor

¿Dónde está nuestra doctrina en mayor riesgo de convertirse en abstracción?

¿Cómo podemos encarnar nuestra tradición en el amor público, no sólo en la piedad privada?

¿Quiénes son los "extranjeros" a quienes estamos llamados a ver, servir y acompañar?

¿De qué maneras pueden el llamado de Valarie Kaur al "Amor Revolucionario" y la "Práctica Metodista de Conexión" de John Wesley dar forma a la misión de nuestra comunidad en el mundo?

La vocación de la Iglesia no es conservar la doctrina en un sótano, sino poner en práctica lo que John Wesley llamó "divinidad práctica", un testimonio, coreografiado por el Espíritu, de la gracia trinitaria en movimiento, pero para llevarla como pan. Como lo imaginó John Wesley, la conexión no es una institución estática, sino un movimiento de gracia relacional, coreografiado por el Espíritu, una red viva de ayuda mutua, testimonio compartido y riesgo fiel. En la práctica de la conexión de Wesley, vislumbramos una eclesiología esperanzadora: una Iglesia formada no por el poder, sino por la proximidad; no por la conformidad, sino por la caridad.

Aquí es donde la doctrina respira, en las costuras de las cargas compartidas, en el toque de las manos sanadoras, en los pies que caminan hacia el sufrimiento. La fiel gramática del amor de Dios, al ser moldeada por el testimonio conexional, se convierte en un canto encarnado a través de generaciones y geografías. En esta armonía inagotable, la Iglesia se convierte en un icono del futuro de Dios.

Reflexión litúrgica: Una mesa de amor resiliente
Llamado y respuesta a la resiliencia eucarística

Líder: Cuando flaqueamos, cuando tememos, cuando estamos cansados.
Pueblo: Aliméntanos de nuevo con el pan de la perseverancia.
Líder: Cuando el amor nos cuesta consuelo y la justicia nos llama al riesgo.
Pueblo: Derrámanos con el vino de la valentía.
Líder: Donde el mundo hiere y la tristeza persiste.
Pueblo: Únenos como el Cuerpo de Cristo.
Líder: Por cada corazón quebrantado, por cada esperanza temblorosa.
Pueblo: Enséñanos de nuevo la gramática de la gracia.
Todos: Que esta Mesa nos forme en la fe, para que nos levantemos en el amor y caminemos con una resiliencia indomable.

Oración de clausura
Dios de gloria crucificada y de gracia resucitada,
nos has llamado no al silencio, sino al canto; no al aislamiento, sino a la encarnación; no a sobrevivir, sino a amar.
Arraiga nuestra doctrina no en la defensa, sino en la osadía.
Moldea nuestros corazones no con respuestas, sino con comunión.
Quebrántanos, bendícenos y envíanos como testigos vivos de tu amor abundante, salvaje y herido.
En el nombre de Aquel que caminó por las calles, llevó la cruz, partió el pan y aún respira en los cansados.
Amén.

De la mesa nos levantamos, no como individuos inspirados, sino como un pueblo enviado. Lo que se ha orado en comunión, ahora lo vivimos en comunidad. La doctrina, moldeada por la adoración, no es teoría, sino testimonio, fe practicada en amor y ofrecida al mundo. La conclusión que sigue recoge este testimonio y lo exalta, no como un cierre, sino como la comisión indefinida del Espíritu para convertirse en la doctrina que proclamamos.

Conclusión: Vivir la doctrina, respirar la gloria

La doctrina no es una posesión que se deba defender. Es un testimonio que se debe vivir, que da testimonio de una gramática de amor y gloria que respira, del Cristo crucificado y resucitado en cada acto de amor, cada aliento de protesta y cada lágrima de esperanza. La doctrina no es el sujeto; es la sintaxis y la gramática de la fe. La Iglesia no vive solo de doctrina, sino de la fe que inscribe ese código de amor en nuestros corazones. La fe, energizada por el amor divino, busca siempre el lenguaje, las prácticas y los caminos para encarnar ese amor. La doctrina no es un sistema que preservamos, sino un código que promulgamos, una gramática vivida que encarna la fe en santa comunión con el dolor del mundo y la promesa de Dios. Al igual que la sintaxis en el lenguaje, la doctrina ordena nuestro testimonio y permite una expresión coherente; no es el fin, sino la estructura a través de la cual el amor habla y actúa fielmente en el mundo.

Vivir la doctrina en este mundo es sumergirse más profundamente en la vida trinitaria de Dios, en el amor vulnerable del Hijo, en el poder suspirante del Espíritu y en el corazón generoso del Padre. Se nutre de la presencia del Espíritu en carne y sangre, aliento y pan, fractura y fuego.

En la Mesa, no solo somos alimentados, sino también formados. Nos damos unos a otros, nos enviamos unos a otros, nos partimos para la vida del mundo. La doctrina de la Iglesia, arraigada en esta comida, nunca es un sistema de creencias, sino una coreografía de la gracia. Nos enseña a arrodillarnos, a sostenernos unos a otros, a cantar incluso cuando nos falta el aliento.

Esta es la vocación apocalíptica de la doctrina en un mundo fracturado: revelar la gloria oculta, soportar las heridas del amor, resistir la desesperación con aliento de resurrección. La doctrina se convierte en lo que siempre estuvo destinada a ser: la memoria viva del amor divino, llevada adelante en la esperanza.

La doctrina, cuando esté viva, se parecerá al pan que se pasa de mano en mano, al aceite derramado sobre las heridas, a las canciones de protesta en las calles de la ciudad y a las historias contadas alrededor de hogueras sagradas. Se parecerá a Cristo entre nosotros.

Y sonará, una y otra vez, como el Espíritu susurrando: "He aquí, yo hago nuevas todas las cosas".

Epílogo
Una historia con moraleja

Cuando la Iglesia olvida que la doctrina nace de la oración y su propósito es expresar el amor de Dios, corre el riesgo de convertir los medios de gracia en instrumentos de control. Y cuando la doctrina se separa del amor, ya no abre el corazón a Dios, sino que cierra la puerta a los demás.

La gramática del amor que corre con la fibra del universo es la misma Sabiduría de Dios. La Sabiduría del Espíritu siempre nos guiará con la verdad que la doctrina fiel intenta hablar: Dios es amor, amor infinito y vulnerable desde la eternidad hasta la eternidad. Al despertar con el conocimiento de que somos conocidos y amados con el amor infinito y vulnerable de Dios, la Sabiduría del Creador se despierta en nosotros y nos llenamos de gozosa gratitud, gracia y profunda humildad. Esta forma de conocer el amor en el mundo es demasiado maravillosa para ser contenida en cualquier contenedor de certeza eclesial. La certeza es idolatría. Es el caldo de cultivo del dogmatismo estrecho y defensivo que confunde el control y la exclusión con la fe. Cuando la postura de la Iglesia asume la doctrina como la gramática de la certeza, comienza a esgrimir doctrinas de certeza: como la doctrina del infierno y la doctrina del pecado original, como armas para controlar y excluir con los ídolos de la certeza.

Ya hemos visto que esto sucede antes.

En 1493, la Bula Papal conocida como la Doctrina del Descubrimiento declaró que cualquier tierra no habitada por cristianos podía ser reclamada por las potencias cristianas. Emitida bajo el estandarte de Cristo, proclamaba que "la fe católica y la religión cristiana sean exaltadas, multiplicadas y difundidas por doquier, que se cuide la salud de las almas y que las naciones bárbaras sean derrocadas y llevadas a la fe misma". Esta grave doctrina justificó teológicamente la dominación de los pueblos indígenas y posteriormente se convirtió en uno de los fundamentos de la trata transatlántica de esclavos. Lo que comenzó como una afirmación bautizada de una verdad teológica se convirtió en un mecanismo para el colonialismo, la conquista y la supresión. Cuando la doctrina se desvincula del amor, deja de ser un canal de gracia para convertirse en una fuente de grave injusticia, no solo para los seres humanos, sino para toda la creación.

Cuando la Iglesia olvida cómo su fe se forjó en la oración, en las lágrimas, en el anhelo, en el canto, comienza a preservar la doctrina no como testimonio, sino como arma que se usará contra toda la creación. Olvida que sus doctrinas más verdaderas fueron susurradas primero con admiración y amor, no gritadas con exclusión y control.

Por eso San Francisco de Asís enseñó que la tierra, los árboles, los animales, las estrellas, hablan el lenguaje de la alabanza sin palabras. Mucho antes de que la Iglesia codificara la doctrina, canonizara las Escrituras y forjara los Credos, la creación ya cantaba; toda la creación ya conocía la gramática del amor. Cuando la Iglesia olvida esto, olvida su lugar en el coro de la creación.

Sin la creación en su totalidad, no tenemos acceso a Dios, pues la creación misma es el medio a través del cual se revela lo divino. Sin el testimonio de la creación, perdemos no solo la capacidad de ver a Dios, sino también la capacidad misma de ser plenamente humanos. La creación está arraigada en la gramática del amor. La misma Palabra que dio existencia a la creación por el aliento de la boca de Dios es la Sabiduría del Creador (Proverbios 8), que crea un mundo impregnado de la Sabiduría de Aquella que es, el Espíritu que vierte la energía del amor de Dios en y sobre todas las obras del Creador.

Este futuro no es simplemente la esperanza de la creación, sino la de Dios. El futuro de Dios está ligado a la renovación de la creación, y el florecimiento de la creación es la alegría de la plenitud de Dios.

Y como enseña Simone Weil, el verdadero conocimiento comienza con la atención. "La atención es la forma más excepcional y pura de generosidad", escribió en *Esperando a Dios*. Cuando dejamos de estar atentos a Dios, al prójimo, a los pobres, a la creación herida, empezamos a mentir, sobre todo cuando se usan nuestros credos como si fueran inamovibles. Olvidamos que los credos nunca tuvieron la intención de cerrar mentes, sino de abrir corazones, corazones sintonizados con un amor que siempre se despliega, que siempre nos conduce a una mayor profundidad en el misterio de Dios.

La doctrina, divorciada de la atención, se convierte en un lenguaje de fe sin compasión. Pero hay otro camino, y este libro ha sido un viaje hacia él. La doctrina que nace del Espíritu, se forma en la oración, se prueba en el fuego del amor y se abre a la esperanza, siempre se inclinará hacia la vida. No necesitamos rechazar la doctrina. Necesitamos recordar cómo orarla. Necesitamos aprender de nuevo a escuchar, a hablar en el lenguaje del amor.

Toda doctrina, pues, debe orientarse hacia este futuro: una esperanza viva que ya infunde aliento en el presente. El Espíritu no solo es la fuente de vida, sino quien atrae a toda la creación al amor deificante de Dios. La creación misma es invitada a la comunión, no como telón de fondo, sino como participante.

Cuando la Iglesia olvida esta esperanza orientada al futuro, sus doctrinas se enfrían. Pero cuando recuerda, sus doctrinas se convierten en cantos de nueva creación, sacramentos de transformación, ecos de la alegría que viene y, en Cristo, ya está aquí.

Una bendición y promesa final

A todos los que han recorrido este camino a través de la fe y la doctrina, que esta obra sea una palabra de bendición:

Que vuestra fe esté siempre arraigada en la oración, despertada por el amor y extendida tan amplia, profunda y alta como el infinito y vulnerable amor de Dios que es desde la eternidad y hasta la eternidad.

Que puedas escuchar profundamente los gemidos del Espíritu en toda la creación; porque en los suspiros más profundos del Espíritu, demasiado profundos para las palabras, oirás de "lo profundo llamando a lo profundo" la invitación a ir a donde más se necesitan la sanación, la esperanza y la paz.

Escucha al Espíritu que te acerca al Creador. Y recuerda que ni siquiera la Escritura puede contener la plenitud del amor infinito y vulnerable de Dios. Sin embargo, sigue siendo un medio de gracia, el don del Espíritu para ayudarnos a escuchar a través de los siglos y recordar quiénes somos y de quién somos, al venir de Dios y regresar a casa con Él.

Escucha la creación. Este es el lugar donde mora el Creador y este es el lugar donde tú y toda la creación comparten la gloria y el amor del Creador. Y este es el lugar donde encontrarás con alegría el cumplimiento de la esperanza y el deseo del Creador y el anhelo de toda la creación de danzar en alegría eterna en la casa de Dios.

Escucha a los santos y a los forasteros que te rodean. Ofrece la alegría de la hospitalidad a toda la creación y prepárate para ser sorprendido por la alegría, así como el Creador se sintió invadido por una alegría extática cuando la Palabra creó el mundo por primera vez.

Y que todo nuestro fiel trabajo para aprender a pronunciar palabras de amor sorprenda nuevamente a Dios, cuando toda la creación regrese a casa, no con las mismas palabras prestadas de generaciones pasadas, sino con palabras nuevas, llenas del tipo de doxología y amor que dio origen a la creación.

Que vuestras doctrinas no se endurezcan nunca hasta convertirse en piedras de exclusión, sino que permanezcan como testimonios vivos, abiertos por el asombro, calentados por la compasión y transfigurados por la esperanza.

Que tu fiel recuerdo sea tierno. Que tu visión sea amplia y tierna. Y que tu confianza sea intrépida para que tu amor crezca tan infinito y vulnerable como Aquel que por naturaleza es amor infinito y vulnerable.

Porque Aquel que es Amor no te dejará desamparado ni sin guía. Aquel que prometió es fiel para que lleguemos a nuestro fin, donde podamos empezar a hablar con la misma fidelidad que Aquel que es Amor.

"El Espíritu no nos permitirá desviarnos del camino de la providencia", declara Charles Wesley. Y, como nos enseñó Elizabeth Johnson, Aquella que Es, el Espíritu, Señor y dador de vida, es quien permite al Creador pronunciar la Palabra por el aliento de la boca de Dios e inundar cada rincón de la Creación con la Sabiduría del Creador. Sí, este Espíritu que guía a toda la creación por el sendero del Camino, la Verdad y la Vida de la Palabra que proclamó la creación a la existencia, es la misma Palabra buena que se hizo carne y continúa manteniendo unidas todas las cosas de la creación en su Cuerpo. Aquella que Es, la Sabiduría de la creación (Proverbios 8), siempre es fiel en "provocar buenos problemas" (John Lewis) hasta que despertemos a la Sabiduría del amor infinito y vulnerable del Creador desde la eternidad: "cuando nos levantemos en amor renovado, seremos como la imagen del Dios Trino por toda la eternidad" (Charles Wesley).

La promesa de Aquel que cumple su promesa es ésta: Dios será todo en todos, y el amor infinito y vulnerable que es Dios tendrá la Palabra final para nuestra fiel gramática del amor.

Y así, como comenzamos este libro en oración, cerrémoslo en oración junto con la antigua oración cristiana:

Ven Espíritu Santo y enciende en nosotros el fuego de tu amor.
Señor, ¡confiamos en ti! Sana nuestra incredulidad que se aferra a todas esas creencias idólatras de certeza.
Toma nuestras mentes y piensa en ellas.
Despierta y renueva nuestras mentes con la mente de Cristo para que podamos confiar en ti la fe y fidelidad de nuestro Señor.
Toma nuestros labios y habla a través de ellos.
Danos la fe que habla con la Sabiduría de toda la creación la gramática del Amor.
Ahora, toma nuestras almas y préndeles fuego.
Llénanos con la energía de tu infinito amor vulnerable que es desde la eternidad hasta la eternidad.
Amén.
Gracias a Dios.
¡Soli Deo gloria!

Postludio
No hacer daño

Este libro fue escrito tras mi destitución, unos años después de retirarme de la tradición eclesiástica en la que fui ordenado durante cuarenta años. Prefiero no mencionar la denominación aquí. Hacerlo distraería del espíritu de este libro, que no busca herir, sino dar testimonio, ofrecer una gramática del amor que habla con verdad y misericordia con claridad. Mi objetivo es no hacer daño. Pero amar no significa silencio. Amar es hablar con verdad, con fe, con la voz que Dios te ha dado.

Durante cuatro décadas enseñé la fe y la fidelidad de Cristo, proclamando el Evangelio como buena nueva para toda la creación. Dediqué mi vida a nutrir la doctrina como un testimonio vivo y palpitante del futuro de Dios, la doctrina como un lenguaje de gracia moldeado por el Espíritu, no como un arma de control. Enseñé en cuatro instituciones educativas de mi joven tradición eclesial, aún en sus inicios, comenzando su segundo siglo de intentos por comprender qué significa ser la Iglesia católica y cómo navegar fielmente la fe, la doctrina y el amor infinito y vulnerable. He intentado demostrar que la doctrina no es fija ni universalmente la misma en todo tiempo y lugar. La doctrina es un canto del Espíritu, que surge de la energía del amor infinito y vulnerable de Dios, un amor que gime y suspira a través de la historia y en cada rincón de la realidad, llevándonos siempre hacia la Nueva Creación.

Con el tiempo, esta visión, alimentada durante tanto tiempo y tan claramente arraigada en la Iglesia católica, dejó de ser bienvenida. Y así, mi ordenación fue realizada. Pero incluso en ese dolor, no alzo la voz con ira. Este libro no es mi defensa. La mejor defensa es confiar en el amor infinito y vulnerable de Dios. Es una obra de amor, una ofrenda, un testimonio, una semilla sembrada por el bien de los que están por venir.

Y ellos están llegando. Durante cuarenta años, estuve de pie y sentado ante los rostros de miles de estudiantes, voces frescas del futuro de Dios. Llegaron con preguntas, asombro, resistencia, anhelo. En ellos, vi llegar al Dios de nuestro futuro. Al mirarlos a los ojos, vi promesa y desilusión. A menudo, la desilusión era la disonancia de lo que ven en el mundo, en las tradiciones de su iglesia, y lo que vislumbraron del futuro al que habían llegado. Como una promesa de Dios, vi la fe de Cristo tomando nueva carne, una gramática de amor formándose de nuevo. Hablaban un lenguaje de amor directamente del futuro. La Nueva Creación seguía llegando a través de ellos. Lo que he visto en ellos no puedo dejar de verlo; lo que he oído, no puedo dejar de oír.

Así que, préstales atención. Escucha el aliento del Espíritu que respira en sus vidas. Te dejarán sin aliento y te devolverán tu futuro.

Una palabra para mis estudiantes
Hablando en la gramática del amor

A mis estudiantes que se han sentido confundidos, desorientados o incluso alienados por las doctrinas de la Iglesia: permítanme repetirles lo que siempre les he dicho: presten atención al amor infinito y vulnerable de Dios que vive en ustedes. El Espíritu que late y respira en ustedes es el aliento de Dios. Respiren profundamente y hablen desde ese lugar. Expresen la gramática del amor que ya está viva en ustedes, esperando ser contada. Cuenten su historia, no solo otra versión de la historia de alguien más. Que ninguna institución eclesial les robe la voz; ellos necesitan escuchar sus perspectivas tanto como ustedes necesitan mantenerse conectados con ellos.

Recuerda, la sabiduría que vibra en el universo es la Palabra, el *Logos,* que se hizo carne y habitó entre nosotros, lleno de gracia y verdad. Sorprendentemente, esta Palabra no es una idea, un concepto ni una categoría. El amor infinito y vulnerable que es Dios siempre supera cualquier idea de nuestra imaginación. Esta Palabra, que vive, respira y crea, es una Persona. Y la única manera de conocer la Verdad que es la Palabra es a través del amor infinito y vulnerable de Dios.

Como dijo John Milbank, cuando escuchas la Palabra hecha extraña, debes responder con tu propia palabra, o aún no has escuchado nada.

Lisa Isherwood coincide con esta idea: debemos aprender a "queerizar las Escrituras". Queerizar significa percibir lo extraño, original e inquietante del amor y luego expresarlo con nuestras propias voces queer para que el resto del mundo lo escuche. Dado que cada uno de nosotros es una imagen original e irrepetible de la Trinidad, distinta pero formada en la unidad relacional, nuestro lenguaje debe ser tan único como la voz del Padre, el Hijo y el Espíritu Santo.

Debemos hablar no solo de Dios, sino desde la vida de Dios, con voces que resuenen con la música irrepetible de nuestro ser. Dios anhela escuchar nuestras nuevas voces tanto como nosotros anhelamos escuchar la suya. Juntos, y sorprendentemente, participamos en la renovación de todas las cosas en la Nueva Creación.

Ahora bien, este es mi punto: por la vida del mundo, dejen que el amor infinito y vulnerable de Dios expulse sus miedos y les dé el coraje del amor para hablar con su voz única, original e irrepetible, una palabra de amor extrañamente nueva y extraña, para estirar y expandir nuestras mentes e imaginación y hacer lugar en nuestros corazones para el futuro de Dios y para toda la creación.

Hace casi un siglo, Alfred North Whitehead advirtió sobre la "falacia de la concreción fuera de lugar", al confundir nuestra limitada experiencia o lenguaje con la verdad universal. El Canon Vicenciano, "en todas partes, siempre y por todos", no es un logro histórico, sino una esperanza escatológica. Con demasiada frecuencia, las iglesias han dado por sentado que su voz es la universal, silenciando a todas las demás. Pero la Sabiduría de Dios, que se hizo carne y ahora sostiene a toda la creación, ya habla en una cacofonía de voces. Debemos escuchar.

Y recuerda: Pentecostés fue una cacofonía. Muchas voces, muchas lenguas, todas encendidas por el Espíritu. Era desconcertante, extraño, extraño, y algunos pensaron que estaban ebrios. Cuando llega el lenguaje de la Nueva

Creación, siempre suena extraño para quienes lo escuchan por primera vez.

Imitar a Cristo no basta. Debemos hablar de Cristo de nuevo. Solo cuando hablemos con el fuego que ha tocado nuestros labios, comenzaremos a hablar de nuevo con la gramática del amor infinito y vulnerable. Incluso Jesús dijo que haríamos cosas mayores que él. Esa promesa no es arrogancia, sino la alegría sorprendente de un Dios que se deleita en nuestras voces.

James McClendon tituló una vez un libro, *"Biografía como Teología"*, que refleja cómo nuestras historias moldean nuestra visión y voz teológica. Dios narra su historia a través de nuestras vidas. Silenciar esas historias es una herida para el Espíritu. Lo que me llevó a la destitución fue precisamente esta convicción: que la doctrina fiel debe renacer en cada voz, en cada generación, en cada idioma. Estas nuevas historias de la Nueva Creación son la manera en que la Iglesia vive la promesa del futuro de Dios y del futuro de toda la creación.

Orar y Amar, de Roberta Bondi, me enseñó esta valiosa pedagogía de la narración. Como patrística y teóloga espiritual, comprendió que la fe de los padres y madres de la Iglesia se enseña mejor a través de la narración. Así, comenzó a enseñar teología a través de la narrativa, porque nuestras historias son la historia de Dios contada. Esa perspectiva transformó mi enseñanza y confirmó lo que intuía desde hacía tiempo: la doctrina fiel, como gramática del amor de Dios, se encarna en nuestra vida.

John Wesley, siempre el teólogo de la teología práctica nos recordó que la fe, la esperanza y el amor no solo deben ser expresados, sino que deben arraigarse en la tierra de la creación. La doctrina no es una abstracción que flota sobre el mundo. Es una semilla sembrada en la tierra de nuestras vidas, regada por las lágrimas, despertada por el Espíritu. Wesley sabía lo que sabían los místicos: el amor perfecto expulsa el temor, porque el amor perfecto se hace carne.

Y, sin embargo, la Iglesia institucional a menudo ha separado la creación de la nueva creación, como si el cielo y el infierno fueran lugares lejanos en lugar de realidades presentes que irrumpen. Desde esa dicotomía idólatramente cierta, resulta fácil decir: "No perteneces". Por ejemplo, cuando la Iglesia institucional bifurca el cielo de la tierra, como si dijera que la gloria futura te espera en el cielo si te ajustas a nuestra forma de ver, hablar y creer. Estas falsas dicotomías convierten el miedo en un arma, silenciando las voces con la amenaza del infierno.

En otras palabras, cuando nos alejamos de la bondad original de la creación y presumimos que toda la creación depende de la Caída de la creación y de la pecaminosidad original de todos los que fueron creados a imagen de Dios, entonces es fácil construir un sistema de creencias pseudodualista que dice: Cree y pertenecerás.

Pero la Buena Nueva de Cristo dice que todos pertenecen. Nuestra pertenencia no se basa en nuestra creencia. Pertenecemos a Dios porque Dios nos ama. No creemos pertenecer a Dios. La fe del Evangelio declara lo que Cristo nos enseñó a orar: que el Reino Amado de Dios está en la tierra como en el cielo. Todo pertenece porque no hay separación, no hay división, no hay nosotros y ellos, en la casa (*oikodome*) de Dios. Todos son atraídos al amor de Dios. Este es el estribillo constante de todos los místicos. Nicolás de Cusa escribió: "La máquina del mundo tendrá su centro en todas partes y su circunferencia en ninguna parte, porque su centro y circunferencia son Dios, que está en todas partes y en ninguna parte". Del mismo modo, Evelyn Underhill nos recuerda que Dios es amor infinito, el centro de todo y la circunferencia de la nada.

Ésta es la esencia de la fe de la Iglesia: dar testimonio y participar del amor infinito y vulnerable de Dios desde la eternidad hasta la eternidad.

Así que, les dejo con esto: No hagan daño. Pero no se queden callados. Digan su palabra. Cuenten su historia. Respondan fielmente a la Palabra encarnada en ustedes con sus palabras de amor, nuevas y singulares, que se encarnan en la gloria futura de la Nueva Creación.

Y que el Espíritu, "La Que Es", Sabiduría, aliento, fuego y alegría, encienda tu corazón con una gramática de amor fiel, extraña, gloriosamente viva y totalmente sorprendente para el Creador y todo lo que Dios ha creado. Amén.

Una bibliografía seleccionada

Abraham, William J. 1998. *Canon and Criterion in Christian Theology: From the Fathers to Feminism*. Oxford: Oxford University Press.

Abraham, William J., Jason E. Vickers, and Natalie B. Van Kirk. 2008. *Canonical Theism: A Proposal for Theology and the Church*. Grand Rapids: Eerdmans.

Ayres, Lewis. 2004. *Nicaea and Its Legacy: An Approach to Fourth-Century Trinitarian Theology*. Oxford: Oxford University Press.

Balthasar, Hans Urs von. 2008. *Engagement with God: The Drama of Christian Discipleship*. San Francisco, California: Ignatius Press.

_____. 2004. *Love Alone Is Credible*. San Francisco: Ignatius Press.

_____. 1955. *Prayer*. San Francisco: Ignatius Press.

_____. 1983. *The Glory of the Lord a Theological Aesthetics.*: Vol. 1. *Seeing the Form*. San Francisco: Ignatius Press.

Bondi, Roberta C. 1987. *To Love as God Loves: Conversations with the Early Church*. Philadelphia: Fortress.

_____. 1991. *To Pray & to Love: Conversations on Prayer with the Early Church*. Minneapolis: Fortress.

Brueggemann, Walter, and Davis Hankins. 2018. *The Prophetic Imagination*. 40th anniversary edition. Minneapolis: Fortress.

Bromiley, Geoffrey William. 1978. *Historical Theology: An Introduction*. Grand Rapids: Eerdmans.

Catherine of Siena. *The Dialogue of Divine Providence*. (various translations).

Coakley, Sarah. 2013. *God, Sexuality and the Self: An Essay 'On the Trinity'*. Cambridge: Cambridge University Press.

_____. 2002. *Re-Thinking Gregory of Nyssa*. Malden, Mass.: Blackwell.

Coakley, Sarah. 2015. *The New Asceticism: Sexuality, Gender and the Quest for God*. London: Continuum.

Crossan, John Dominic. 2022. *Render unto Caesar: The Struggle over Christ and Culture in the New Testament*. First edition. New York, NY: Harper One.

Epp-Stobbe, Eleanor. 2000. "Practising God's Hospitality: The Contribution of Letty M. Russell toward an Understanding of the Mission of the Church." Dissertation: University of Toronto.

Gorman, Michael J. 2015. *Becoming the Gospel: Paul, Participation, and Mission*. Grand Rapids: Eerdmans.

_____. 2009. *Inhabiting the Cruciform God: Kenosis, Justification, and Theosis in Paul's Narrative Soteriology*. Grand Rapids: Eerdmans.

St. Gregory of Nyssa. 2002. *On God and Christ: The Five Theological Orations and Two Letters to Cledonius*. Trans. by Frederick Williams and Lionel R. Wickham. Crestwood, New York: St. Vladimir's Seminary Press.

_____. 1967. *Ascetical Works*. Trans. Virginia Woods Callahan. Washington, D.C.: Catholic University of America Press.

_____. 1978. *The Life of Moses*. San Francisco: Harper San Francisco.

_____. 2002. *On the Soul and the Resurrection*. Trans. Catharine Roth. Crestwood, N.Y: St. Vladimir's Seminary Press.

Hays, Christopher B., and Richard B. Hays. 2024. *The Widening of God's Mercy: Sexuality within the Biblical Story*. New Haven: Yale University Press.

Hays, Richard B. 2020. *Reading with the Grain of Scripture*. Grand Rapids: Eerdmans.

_____. 2014. *Reading Backwards: Figural Christology and the Fourfold Gospel Witness*. Waco, Texas: Baylor University Press.

Irenaeus. 1992. *Against the Heresies*. Edited by John J. Dillon (*et al.*). Trans. Dominic J. Unger. Ancient Christian Writers. New York: Newman Press.

Isherwood, Lisa, and Elaine Bellchambers. 2010. *Through Us, with Us, in Us: Relational Theologies in the Twenty-First Century*. London: SCM Press.

Jenson, Robert W. 2010. *Canon and Creed*. 1st ed. Louisville: Westminster/John Knox.

John of the Cross. 2012. *Collected Works of St. John of the Cross*. Memphis, TN: Bottom of the Hill Publishing.

Jennings, Willie James. 2020. *After Whiteness: An Education in Belonging*. Grand Rapids: Eerdmans.

Kaur, Valarie. 2020. *See No Stranger: A Memoir and Manifesto of Revolutionary Love*. New York: One World.

Kelly, J. N. D. 2003. *Early Christian Doctrines*. Rev. ed., Peabody, MA: Prince Press.

LaCugna, Catherine Mowry. 1991. *God for Us: The Trinity and Christian Life*. San Francisco: Harper San Francisco.

Lindbeck, George A. 2009. *The Nature of Doctrine: Religion and Theology in a Postliberal Age*. 25th anniversary ed. Louisville: Westminster/John Knox.

Lubac, Henri de, Susan Frank Parsons, and Laurence Paul Hemming. 2006. *Corpus Mysticum: The Eucharist and the Church in the Middle Ages: Historical Survey*. South Bend: University of Notre Dame Press.

McClendon, James Wm. 1990. *Biography as Theology: How Life Stories Can Remake Today's Theology*. New ed. Philadelphia: Trinity Press International.

Míguez Bonino, José. 1983. *Toward a Christian Political Ethics*. Philadelphia: Fortress.

Moltmann, Jürgen. 1977. *The Church in the Power of the Spirit: A Contribution to Messianic Ecclesiology*. Minneapolis: Fortress.

_____. 2015. *The Crucified God*. 40th anniversary edition. Minneapolis: Fortress.

_____. 2020. *The Spirit of Hope: Theology for a World in Peril*. Louisville: Presbyterian Publishing.

_____. 1981. *The Trinity and the Kingdom: The Doctrine of God*. Minneapolis: Fortress.

Moltmann, Jürgen, and Margaret Kohl. 2004. *The Coming of God: Christian Eschatology*. Minneapolis: Fortress Press.

Newman, John Henry Cardinal. 2013. *An Essay on the Development Christian Doctrine*. Lanham: Start Publishing.

Julian of Norwich. (2022). *The Showings: Uncovering the Face of the Feminine in Revelations of Divine Love*. Trans. Richard Rohr. Charlottesville, VA: Hampton Roads.

Patterson, Stephen J. 2018. *The Forgotten Creed: Christianity's Original Struggle against Bigotry, Slavery, and Sexism*. Oxford: Oxford University Press.

Pelikan, Jaroslav. 1971. *The Christian Tradition: A History of the Development of Doctrine*. Chicago: University of Chicago Press.

Pelikan, Jaroslav. 1986. *The Vindication of Tradition*. New Haven: Yale University Press.

Placher, William C. 1994. *Narratives of a Vulnerable God: Christ, Theology, and Scripture*. 1st ed. Louisville: Westminster/John Knox.

Prestige, G. L. 1964. *God in Patristic Thought*. [2d ed.]. London: S.P.C.K.

Rahner, Karl. 1963. *The Church and the Sacraments*. New York: Herder and Herder.

_____. 2001. *The Trinity*. Trans. J. F. Donceel. London: Burns & Oates.

Rahner, Karl, and Johann Baptist Metz. 1968. *Spirit in the World*. Trans. William V. Dych. New York: Herder and Herder.

Russell, Letty M. 1993. *Church in the Round: Feminist Interpretation of the Church*. 1st ed. Louisville: Westminster/John Knox.

Russell, Letty M. (*et al.*). 2009. *Just Hospitality: God's Welcome in a World of Difference*. 1st ed. Louisville: Westminster/John Knox.

Smith, James K. A. 2009. *Desiring the Kingdom: Worship, Worldview, and Cultural Formation*. Grand Rapids: Baker.

Smith, James K. A. 2016. *You Are What You Love: The Spiritual Power of Habit*. Grand Rapids: Brazos Press.

Teresa of Avila. 2025. *The Interior Castle*. Trans. Kieran Kavanaugh, and Otillo Rodriguez. Mahwah, New Jersey: Paulist Press.

Turner, H. E. W. 1954. *The Pattern of Christian Truth: A Study in the Relations between Orthodoxy and Heresy in the Early Church*. New York: AMS Press.

Volf, Miroslav. 1998. *After Our Likeness: The Church as the Image of the Trinity*. Grand Rapids: Eerdmans.

———. 2019. *Exclusion & Embrace: A Theological Exploration of Identity, Otherness, and Reconciliation*. Revised and updated edition. Nashville: Abingdon.

———. 2021. *The End of Memory: Remembering Rightly in a Violent World*. Second edition. Grand Rapids: Eerdmans.

Wainwright, Geoffrey. 1980. *Doxology: The Praise of God in Worship, Doctrine and Life*. Oxford: Oxford University Press.

Wessel, Susan. 2010. "Memory and Individuality in Gregory of Nyssa's Dialogus de Anima et Resurrectione." *Journal of Early Christian Studies* 18 (3): 369–92.

Williams, Thomas, ed. 2025. *Augustine's 'Confessions': A Critical Guide*. Cambridge: Cambridge University Press.

Williams, Rowan. 2016. *Being Disciples: Essentials of the Christian Life*. Grand Rapids: Eerdmans.

———. 2018. *Christ the Heart of Creation*. London: Continuum.

———. 2000. *On Christian Theology*. Oxford, UK: Blackwell Publishers.

———. 2003. *The Dwelling of the Light: Praying with Icons of Christ*. Grand Rapids: Eerdmans.

———. 2007. *Tokens of Trust: An Introduction to Christian Belief*. Louisville: Westminster/John Knox.

Wright, N. T. 2013. *Christian Origins and the Question of God*, Vol. 4: *Paul and the Faithfulness of God*. Minneapolis: Fortress.

———. 2007. *Surprised by Hope*. London: SPCK.

Young, Frances M., and Andrew Teal. 2010. *From Nicea to Chalcedon: A Guide to the Literature and Its Background*. Second Edition. Grand Rapids: Baker Academic.

Zizioulas, John D. 1985. *Being as Communion: Studies in Personhood and the Church*. Crestwood, N.Y.: St. Vladimir's Seminary Press.

Zizioulas, John D., and Luke Ben Tallon. 2011. *Eucharistic Communion and the World*. London: Continuum.

Índice

Certeza   128
Amor   1-134

* Para los lectores que estén confundidos por el índice, el autor recomienda releer el libro.

www.ingramcontent.com/pod-product-compliance
Lightning Source LLC
LaVergne TN
LVHW051103080426
835508LV00019B/2046